我们一起解决问题

弗布克工作手册系列

餐饮管理
职位工作手册

张振霞◎著

人民邮电出版社

北　京

图书在版编目（CIP）数据

餐饮管理职位工作手册 / 张振霞著. —— 北京：人
民邮电出版社，2023.3
（弗布克工作手册系列）
ISBN 978-7-115-61105-5

Ⅰ. ①餐… Ⅱ. ①张… Ⅲ. ①饮食业—商业管理—手
册 Ⅳ. ①F719.3-62

中国国家版本馆CIP数据核字(2023)第019135号

内 容 提 要

　　互联网技术和大数据技术的快速发展，给餐饮行业带来了机遇与挑战。为了帮助餐饮从业人员在新形势下做好转型和精细化管理，提高竞争能力，提升内外部用户体验，本书从组织设计、业务运营、管理提升三个层面，对餐饮管理的各项工作进行了详细介绍，包括餐饮管理团队建设、智能餐饮管理、餐饮品牌与营销管理、食材采购与储存、餐厅楼面管理、餐饮厨房事务管理、餐饮成本与费用、食品安全管理、餐饮服务质量管理、餐饮外卖业务管理、餐饮创新管理等。本书兼具时效性、操作性与工具性，在提供相应的餐饮管理理论知识的同时，还提供了大量的模板与示例，为餐饮管理工作者提供了一套可以落地的整体化解决方案，有利于从业者提升业务水平和管理水平。

　　本书适合餐饮服务人员、餐饮营销人员、餐饮企业管理人员等相关从业者阅读。

　◆　著　　　　张振霞
　　　责任编辑　程珍珍
　　　责任印制　彭志环
　◆人民邮电出版社出版发行　　　　北京市丰台区成寿寺路 11 号
　　　邮编 100164　电子邮件 315@ptpress.com.cn
　　　网址 https://www.ptpress.com.cn
　　　涿州市京南印刷厂印刷
　◆开本：787×1092　1/16
　　　印张：13　　　　　　　　　　　　2023 年 3 月第 1 版
　　　字数：260 千字　　　　　　　　2023 年 3 月河北第 1 次印刷

定　价：69.00 元
读者服务热线：（010）81055656　印装质量热线：（010）81055316
反盗版热线：（010）81055315
广告经营许可证：京东市监广登字 20170147 号

"弗布克工作手册系列"序

"弗布克工作手册系列"图书旨在提升从业者的岗位技能、细化工作任务、明确工作规范。在这套书中，作者将岗位工作**目标化、制度化、流程化、技能化、方法化、案例化、方案化**，为相关从业者提供了各种可以借鉴的范例、案例、模板、制度、流程、方法和工具，可以帮助读者提升岗位技能、高效执行工作。

技能是人的立业之本。技能人才是支撑中国制造、中国创造的重要力量。在**"技能提升"**和**"技能强企"**行动中，企业中的每个岗位都急需一套可以拿来即用、学了能用的培训教材，以便企业通过提升人员技能来提高各岗位人员的执行力和工作效能。而只有**落实到位、高效执行、规范执行、依制执行、依标执行**，才能确保企业合规运营，提高企业的运营效能，增强企业的核心竞争力。

但是，企业如果没有一套合理的**执行体系、标准体系、规范体系、制度体系**和**流程体系**，不去将每项工作通过具体的方法、方案、方式落地，那么一切管理都会浮于表面、流于形式，沦为**"表面化"**管理和**"形式化"**管理。

本系列图书通过岗位**职责清晰化、工作流程化、管理制度化、执行方案化**，使**"人事合一""岗适其人，人适其事"**。其中，通过明晰职责，让读者知道自己具体应该干什么事情，需要什么技能，需要哪些工具；通过细化执行，让读者知道自己应该怎么干，思路是什么，方案是什么，应该关注哪些关键环节和关键问题；通过制度、流程、方法、方案设计，让读者知道自己应该遵循哪些标准和程序，应该按照哪些规范去执行工作。

本系列图书具有以下三个鲜明的特点。

（1）拿来即用。本系列图书按照有思路、有规划、有方案、有方法、有工具的"五有原则"进行编写，读者可根据自己企业的实际情况，对适用的内容拿来即用。

（2）拿来即改。本系列图书提供的各种模板，包括但不限于制度、流程、方案、办法、细则、规范、文书、报告，读者可以根据自己企业的实际情况修改后使用。

（3）参照学习。对于不能拿来直接使用或者修改后使用的模板，读者可以将其用作自己工作的参考，学习这种设计的思路，掌握各种管理模板背后的设计思维，运用这种思维去解决工作中的实际问题。

因此，本系列图书不仅适合基层员工使用，也适合管理者使用。

北京弗布克管理咨询有限公司

2022 年 7 月

前　言

　　《餐饮管理职位工作手册》是"弗布克工作手册系列"中的一本。为了使本书内容更加符合读者的实际工作需求，更好地实现我们"拿来即用"的承诺，我们在深入调查餐饮行业现状和发展趋势的基础上，结合市场调研结果，引入了餐饮行业先进的管理制度、管理程序和管理方法，融入了餐饮行业近年来广泛使用的一些新技能。

　　本书针对餐饮管理团队建设、智能餐饮管理、餐饮品牌与营销管理、食材采购与储存、餐厅楼面管理、餐饮厨房事务管理、餐饮成本与费用、食品安全管理、餐饮服务质量管理、餐饮外卖业务管理、餐饮创新管理、餐饮连锁与加盟管理等具体工作，从制度、流程、方案、规范等方面进行了详细的介绍，这些内容可以帮助读者在工作中做到逻辑清晰、事项清晰、执行清晰、问题清晰、结果清晰。

　　本书的特点主要体现在以下四个方面。

1．梳理餐饮管理工作的主要事项

　　通过思维导图的形式，对餐饮管理工作进行概括梳理，从宏观上对餐饮管理工作内容进行了梳理、划分。

2．对具体工作和管理工作进行了区分

　　对具体工作进行了细化，强化了关键点、问题点，提供了执行方案；针对管理工作要求，提供了可以参考的流程、制度、规范。这样的区分使本书内容更加符合餐饮管理工作的特点。

3．更新、细化了相关内容

强化了工作技能方面的内容，细化了一些制度、规范的内容，使其更加贴近具体工作，增强了相关知识的实用性和针对性，便于读者将其应用于实际工作中。

4．提供附赠资源

本书的大部分章节都提供了二维码，读者扫描二维码，即可查看相关表单、方案和流程模板。

在实际工作中，读者可根据自己企业的实际情况和具体工作要求，参考书中介绍的范例、制度、流程、方案、方法并加以适当的修改，制定出适合自己企业的范例、制度、流程、方案与方法，不断提高餐饮管理工作的效率。

对于书中的不足之处，敬请广大读者指正。

张振霞

2023 年 2 月

|目　录|

第 2 章
餐饮管理团队建设

第 3 章
智能餐饮管理

第6章
餐厅楼面管理

第7章
餐饮厨房事务管理

第12章
餐饮创新管理

第13章
餐饮连锁与加盟管理

第1章
餐饮工作管理

1.1 餐饮行业发展趋势

1.1.1 智能化趋势

随着互联网技术不断融入餐饮行业，餐饮行业呈现出智能化发展趋势。餐饮企业运用智能化系统代替人工，不仅节约了成本，而且效率更高。餐饮行业的智能化主要体现在以下两个方面。

1．前厅管理智能化

通过智能化系统，排队、预订、外卖、出发票、收银等场景实现了信息化，这不仅节省了顾客的等待时间，而且优化了顾客的就餐体验。

2．后厨管理智能化

通过智慧厨房系统，后厨管理以机器人为核心，实现净菜、加工、智能烹饪等全流程的一体化。餐饮企业在有效降低运营成本的同时，为顾客提供了安全、高效的餐饮服务。

1.1.2 品牌化趋势

餐饮企业通过建立不同的餐饮品牌进入不同级别的消费市场，以寻求更大的覆盖面，甚至在同一级别的消费市场进行多品牌的运作，以实现总体市场占有率的提高，达到整体营收的规模性提升。餐饮行业的品牌化主要体现在以下两个方面。

1．连锁经营

连锁经营的餐饮企业是由运用一种商业组织形式和经营制度、经营同类产品的若干企业形成的一个联合体。连锁经营一般在整体规划下进行专业分工，并在分工的基础上实施集中化管理。连锁经营有一个核心企业称为总部或总店，其他分散经营的店称为分部或分店。

2．多品牌业务扩张

很多餐饮企业在发展自主品牌的过程中，会不可避免地做出多品牌业务扩张的决策。多品牌业务扩张既可在产业上扩张，如火锅餐厅向烤肉餐厅的扩张；又可在档次上扩张，如低档产品向高档产品的扩张。

1．1．3　多元化趋势

目前消费市场变化速度快，顾客选择多样，产品迭代更新快，市场分散化，顾客需求愈加精细化，逐渐衍生了多元化的餐饮业态，这使餐饮行业市场细分程度更高，更能满足不同的消费体验。餐饮行业的多元化主要体现在以下两个方面。

1．经营内容多元化

（1）轻食餐厅

轻食类产品低盐、低糖、低油，食物原料以蔬果为主，这对不喜油腻的人士来说是一种不错的选择。轻食餐厅的最大特点是环境清新、安静，一般只有简约的长桌、舒适的软椅等设施。

（2）预制菜

采购食材需要时间，做饭清洗需要时间，快节奏的现代社会由此出现了"预制菜"的新兴业态。预制菜基本是差不多成型的菜品，只需采用不同的烹饪方式，稍加处理就可以成为不同形态、不同口味的美食。

2．服务多元化

餐饮服务的好坏直接关系到顾客的用餐体验。餐饮企业越来越注重提供多元化、个性化的服务，如某火锅店不仅提供餐饮服务，还提供美甲服务。

1．1．4　电商化趋势

进入电子商务阶段，餐饮行业的经营形式也发生了很大改变。餐饮行业的电商化主要体现在以下三个方面。

1．电商供应链

电子商务中供应链技术的运用可以大大降低餐饮企业的经营成本。例如，快餐业、集体配送餐企业、中央厨房等，由于采用了统一互联网采购、加工、配送，不仅可以减少用工、减少污染，还可以降低经营成本。

2．电商带货

随着互联网行业的快速发展，直播带货日益火爆，其也成为餐饮行业发展的新方向。已经有相当数量的餐饮企业在直播平台上销售优惠券、套餐等，借助平台的大数据技术与推送技术分析顾客需求，在口味与营销方面提前布局，获得了较高的市场占有率。

3．外卖服务

顾客通过线上下单，可享受餐饮企业提供的外卖服务，这极大地为顾客提供了便利，也为餐饮企业带来了利润。

1．2　餐饮管理的 12 个工作模块

1．2．1　餐饮管理的 12 个工作模块的思维导图

餐饮企业对工作模块进行梳理，可以有效地识别业务单元，从而进行分模块管理。本书共涉及餐饮工作的 12 个模块，如图 1-1 所示。

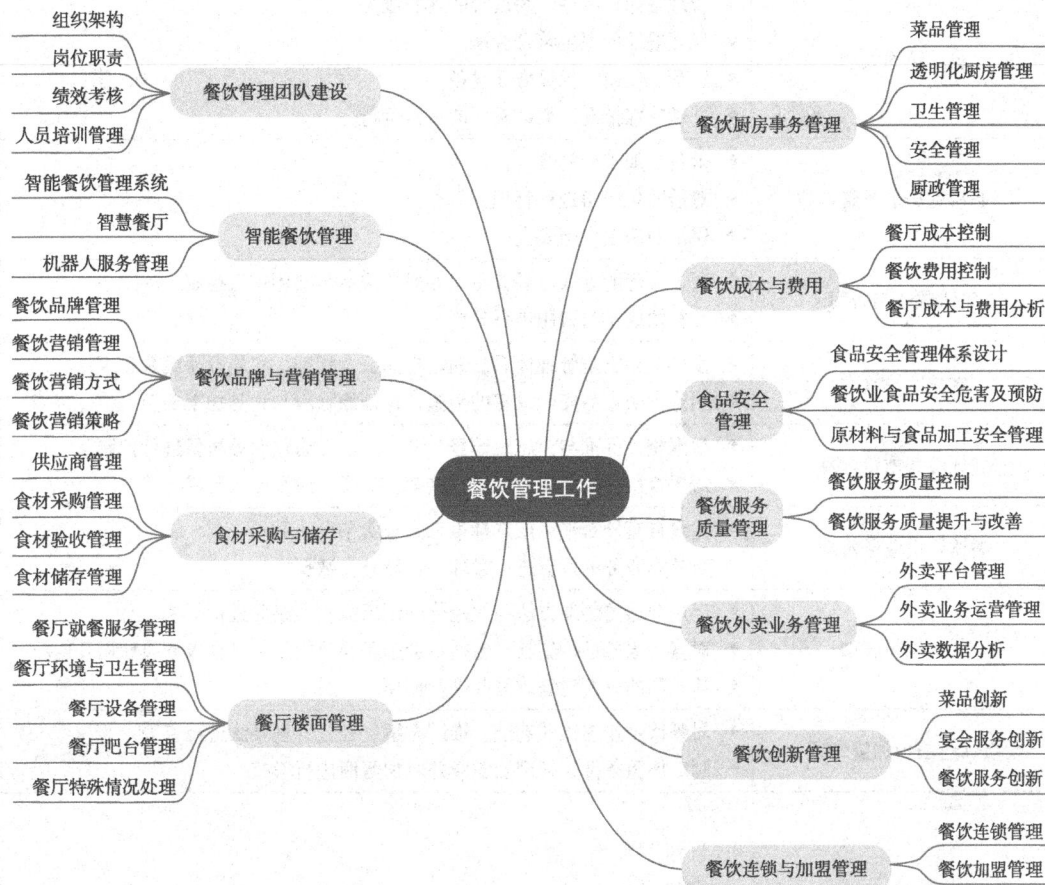

图 1-1　餐饮管理的 12 个工作模块的思维导图

1. 2. 2 餐饮管理的 12 个工作模块的任务描述

在对餐饮工作的模块进行梳理后，我们需对每个模块进行任务描述，以明确工作内容。餐饮工作 12 个模块的任务描述如表 1-1 所示。

表 1-1　餐饮工作 12 个模块的任务描述

模块	任务描述
餐饮管理团队建设	◆ 设计清晰的餐饮企业组织架构 ◆ 设计餐饮部各岗位职责，并制定相应的绩效考核标准 ◆ 对餐饮部人员进行服务礼仪、服务语言、营销技能等方面的培训，并跟踪培训效果
智能餐饮管理	◆ 使用智能点餐、智能结算、智能厨房显示、智能厨房安全等系统 ◆ 建设智慧餐厅 ◆ 使用并维护能提供餐饮服务的机器人
餐饮品牌与营销管理	◆ 定位、策划、推广餐饮品牌 ◆ 开展餐饮营销，选择合适的营销方式与营销策略
食材采购与储存	◆ 开发、评价、管理、考核食材供应商，保证食材采购质量 ◆ 对所需食材进行采购、验收、储存
餐厅楼面管理	◆ 管理餐前、餐中、餐后等的就餐服务 ◆ 保证餐厅的卫生符合标准 ◆ 购买、使用、保养餐厅设备 ◆ 处理特殊情况，保证餐厅的正常运行
餐饮厨房事务管理	◆ 筹备、加工菜品等 ◆ 对透明化厨房进行管理 ◆ 保证厨房卫生与安全
餐饮成本与费用	◆ 通过合理的方式对餐饮不同方面的成本与费用进行控制 ◆ 对餐饮成本与费用进行分析
食品安全管理	◆ 设计食品安全管理体系，确定食品安全标准，实施食品溯源管理 ◆ 明确预防食品安全危害的措施，保证原材料与食品加工安全
餐饮服务质量管理	◆ 根据相关标准与措施及监督与考评方法对餐饮服务质量进行控制 ◆ 对餐饮服务质量满意度进行调查，提升、改善服务质量
餐饮外卖业务管理	◆ 建设自有外卖平台或选择第三方外卖平台入驻 ◆ 对外卖业务的运营进行管理，分析外卖数据
餐饮创新管理	◆ 运用合适的创新方法与规范化的创新流程对菜品进行创新 ◆ 对宴会服务进行创新，包括宴会服务项目创新与宴会服务质量提升创新 ◆ 从不同的方面对餐饮服务进行创新
餐饮连锁与加盟管理	◆ 对餐饮企业连锁的选址、推广方案、经营管理办法进行管理 ◆ 制定加盟条件，管理加盟商并对加盟商进行考核

1.3　餐饮管理工作中的重点问题

1.3.1　食品安全问题

食品安全问题是影响餐饮行业发展的一大因素，也是顾客最敏感的问题之一。因此，餐饮企业要注重食品安全问题。餐饮工作中的主要食品安全问题与改善措施如下。

1.主要食品安全问题

（1）食物中毒

一方面，有些餐饮从业人员违规使用变质或者过期的食材，不规范地使用食品添加剂或使用非食品原料生产加工食品，掺假制假；另一方面，菜品制作人员对于食物相克的相关知识不够了解，从而可能造成顾客食物中毒，产生严重后果。

（2）食品包装与运输问题

一方面，部分餐饮企业食材溯源管理难，包装不合理，甚至使用不合格物品包装食品。另一方面，某些企业在食品储藏、运输过程中，过量使用保鲜剂、防腐剂。

（3）企业缺乏食品安全管理意识

部分餐饮企业卫生水平较差，聘用未经健康体检的餐饮从业人员，无证照经营等，导致食品存在很大的安全隐患。

2.改善措施

（1）加强进货与储存的监管

餐饮企业不仅需要严格把好食材、辅料与餐饮用具的进货质量关，从源头上规避食品安全风险，而且需要加强进货储存保管工作，由专人负责监管，避免因保管不当造成食品变质、过期等问题。

（2）加强餐饮企业信息化建设

餐饮企业可由原来粗放式的生产经营管理转变为精细化的生产经营管理，企业信息管理要求更加标准化、规范化，无论在哪一环节，都能实现快速追溯查询。

（3）强化对从业人员的管理

在对从业人员的管理中，餐饮企业不仅需要关注从业人员的健康状况，还需要关注从业人员的基本素质，加强对从业人员的培训，提升从业人员的专业知识和职业素养，使得从业人员重视食品安全问题给人们所带来的危害。

（4）第三方积极监管

当顾客发现食品安全存在隐患时，其要积极举报并配合监管部门落实查证。但顾客通常缺乏食品安全专业知识，这就需要引入市场化的第三方监管力量，如引入第三方餐饮食品安全认证制度。除此之外，中国消费者协会也要对食品安全进行社会监管。

1.3.2 环境卫生问题

在餐饮行业发展的过程中，环境卫生问题日益明显，主要原因有监管力度不够、卫生管理意识缺失、基础设施不完善等。餐饮工作中的主要环境卫生问题与改善措施如下。

1. 主要环境卫生问题

（1）店面清洁问题

这主要包括店面门窗有污渍，餐厅地面清扫不干净，清洁用具四处乱放，尘土和污垢清理不彻底等；桌椅的表面有污渍或者有损坏，没能及时进行更换；缺少必要的环境消毒措施，给人一种脏乱差的印象。

（2）后厨卫生问题

常见的餐厅后厨卫生问题主要有厨具、餐具、设备等未清洗干净，且摆放杂乱，厨余垃圾未及时清理，散发异味；排风系统油渍、污渍沉积严重；地面存在积水或者污渍，出现蚂蚁、蟑螂甚至老鼠等。这些后厨环境卫生问题都会引发食品安全隐患。

（3）服务人员卫生问题

服务人员是餐厅内部直接与顾客接触的人，部分服务人员个人卫生不过关，如留长指甲、工作服不够整洁、上岗前不洗手等，降低了顾客的用餐体验。

2. 改善措施

（1）加强监管力度

卫生监管部门在开展工作时，除严格按照环境卫生标准进行检查外，还要检查企业的食品安全管理制度、食品安全事故应急机制等。

餐饮企业自身要指定专人负责环境卫生监管工作，并开展定期和不定期的卫生清理与检查。

（2）加强卫生管理培训

餐饮企业涉及的角色分工较为复杂，但不管是经营者、厨师还是各类服务人员，都应该参加卫生管理培训。餐饮企业要定期开展安全卫生管理知识的学习，建立相关惩处制度，改正相关人员的不良卫生习惯，提高整体的食品安全意识。

1.3.3 服务质量问题

餐饮企业的服务质量是影响顾客是否会再次光临的重要因素。餐饮工作人员要不断总结与创新，从深层次查找、分析服务质量问题，有针对性地提出提升服务质量的途径与方法。餐饮企业中的主要服务质量问题和改善措施如下。

1．主要服务质量问题

（1）服务过程质量问题

餐厅的服务质量由整个餐饮服务过程决定，任何一个环节的不规范都会导致服务质量的降低。目前，餐饮工作中主要的服务过程质量问题有服务态度差、纪律散漫、服务礼仪不规范，以及投诉不能得到积极有效的回应等。

（2）菜品质量问题

餐厅菜品质量不稳定，不能为顾客提供美味、安全、卫生、营养、零缺陷的菜品。

（3）菜品价格问题

有些餐厅菜品定价过高，远远超过菜品本身应有的价值和顾客的承受能力。

2．改善措施

（1）完善管理制度，提高治理水平

餐饮企业管理人员应通过企业的日常经营及顾客的反馈，不断完善、创新服务质量管理制度，针对需要改进的方面进行全面的分析，制定和实施改进措施，并对改进过程进行评估。同时，餐饮企业应加强对菜品定价的管理，综合考虑成本、顾客需求与承受力、企业效益等因素，运用合理的定价策略，制定出更加合理且有竞争力的价格。

（2）进行服务创新

要通过服务创新提高餐饮服务质量。餐饮企业需要遵循原则性与灵活性相结合的原则，突出服务的有效性，在规范化的基础上做到个性化、细微化、情感化，以此来提高顾客的忠诚度。

（3）提高员工服务质量认知

餐饮企业可通过搭建员工服务质量锻炼平台，强化员工的服务意识、锻炼员工的服务技能，从而提高员工的服务质量。例如，可以开展多样化的主题活动、服务技能大赛、服务质量培训等。

1．3．4　供应商管理问题

供应链的完整性是餐饮企业健康发展的基础，一些餐饮企业缺少供应链管理的理念，没有开发可达成长久战略合作的原材料供应商，没有对供应商进行合理、有效的管理。餐饮企业中的主要供应商管理问题和改善措施如下。

1．主要供应商管理问题

（1）供应商选择问题

部分餐饮企业在选择供应商时没有固定的标准，没有进行长远考虑，对供应商是否有足够资质、能否展开长期合作、有无发展前景、需要具有怎样的供应能力及物流运输能力等没有明确要求，这就容易造成供应商供应能力和供应质量不稳定的问题。有些供应商刚开始供货时尚好，经过一段时间后，相应问题便逐渐显现。

（2）供应商评价问题

部分餐饮企业在对供应商进行评价时，存在分级不清晰、评价标准不明确、评价反馈与供应商改善措施跟踪不到位、评价结果与绩效联系不紧密等问题。

2．改善措施

（1）进行供应商分类

餐饮企业的供应商数量众多，通常可以分为三类。一是企业在经营过程中经常使用的原材料的供应商，如调料、水产、蔬菜供应商；二是餐厅前厅和后厨所使用的物资的供应商，如餐具、炉具供应商；三是服务型供应商，如电脑维修商、设备维护商。通过对供应商进行分类，餐饮企业可以针对不同的供应商制定不同的管理办法，实现有效管理。

（2）完善供应商绩效评价与反馈机制

为了保证供应商管理工作的有效开展，餐饮企业应对长期供应商进行有效的监督。例如，建立完善的绩效评价体系，主要包括产品质量、价格、时间、支持和配合五大指标。餐饮企业应根据绩效评价结果，及时向供应商反馈，指导供应商改进不足，使其能够满足自身的采购需求。

1．3．5 文化禁忌问题

在提供餐饮服务时，餐饮服务人员应了解顾客的国籍、民族及宗教信仰，了解顾客的特殊需求及饮食禁忌，使餐间服务准确无误，争取把服务工作做到完美。餐饮企业中的主要文化禁忌问题及改善措施如下。

1．主要文化禁忌问题

餐饮服务人员不了解各种文化禁忌，影响顾客用餐体验，甚至惹恼顾客，给顾客留下不好的印象。

2．改善措施

餐饮企业应对餐饮服务人员进行关于民族饮食禁忌、宗教饮食禁忌的培训，使得餐饮服务人员在服务时充分了解与尊重不同顾客的饮食习惯，给顾客良好的用餐体验。

第2章
餐饮管理团队建设

2.1 餐饮企业组织架构

2.1.1 连锁型餐饮企业组织架构

连锁型餐饮是餐饮企业的一种商业组织形式和经营模式，是餐饮企业通过连锁经营和特许经营的方式拓展品牌。各连锁店通常共用相同的菜单，联合采购原材料和设备，且采用统一的经营管理程序。

为了使连锁型餐饮企业制度化、标准化、流程化，实现科学管理，其组织架构必须完整。常见的连锁型餐饮企业组织架构如图2-1所示。

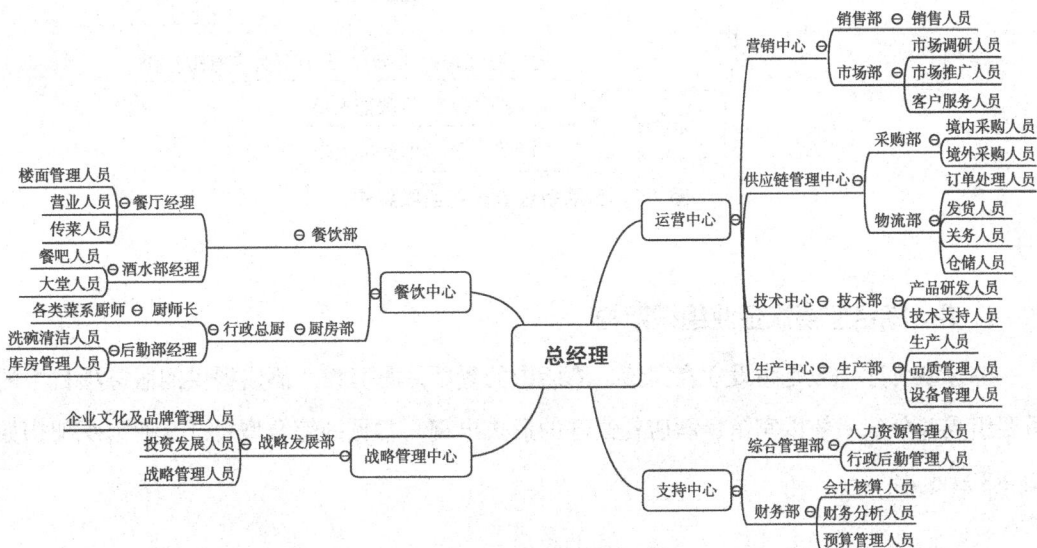

图2-1　连锁型餐饮企业组织架构

2.1.2 自助型餐饮企业组织架构

自助型餐饮企业的特点是供应迅速，顾客自主选择菜品及数量，就餐人员多，菜品销量大，服务人员较少，以顾客自主服务为主。常见的自助型餐饮企业组织架构如图2-2所示。

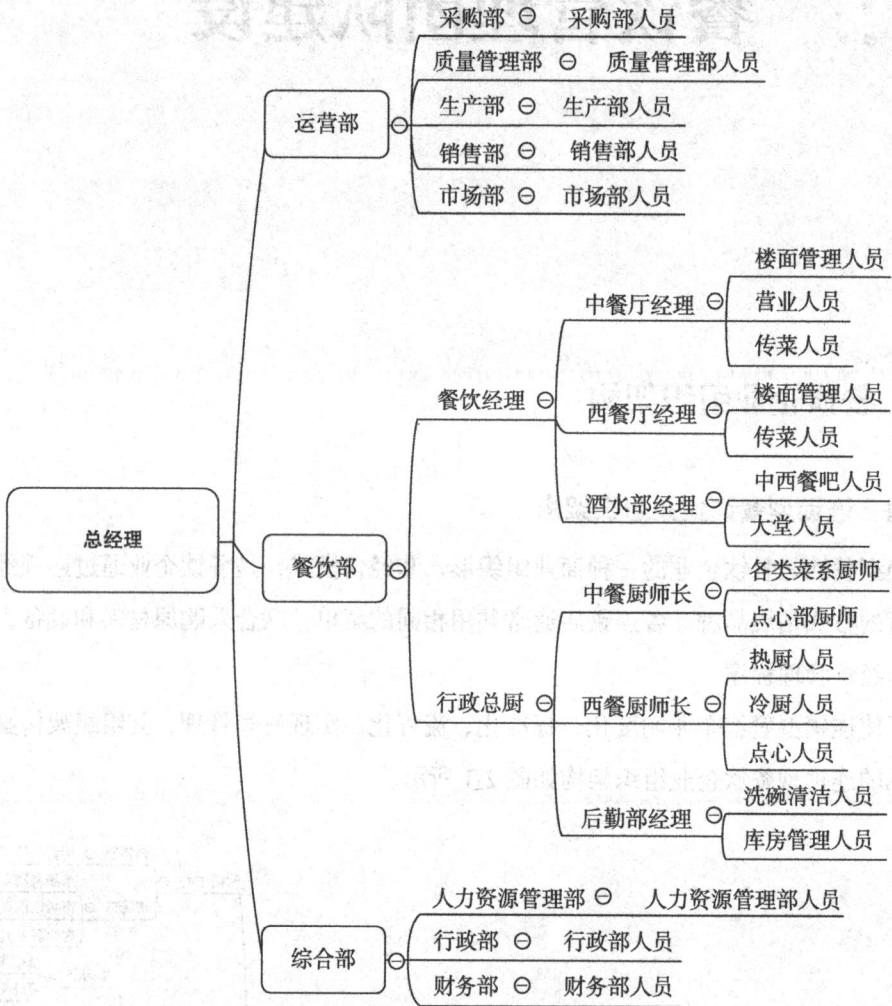

图 2-2 自助型餐饮企业组织架构

2.1.3 综合型餐饮企业组织架构

综合型餐厅一般是指设立在宾馆、酒店中的餐厅，是宾馆、酒店提供的服务项目中的重要组成部分，一般以宾馆、酒店餐饮部的形式出现。常见的综合型餐饮企业组织架构如图2-3所示。

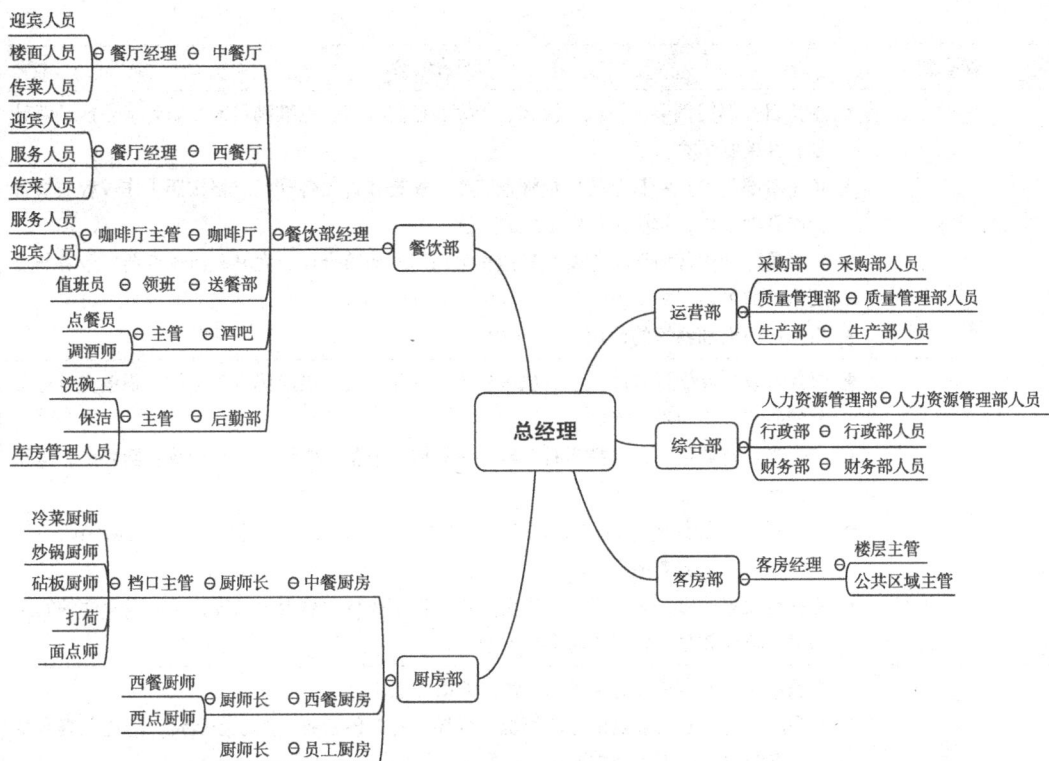

图 2-3　综合型餐饮企业组织架构

2．2　餐饮部岗位职责

2．2．1　餐饮部经理岗位职责

餐饮部经理需要了解并掌握餐厅的运营、人员、菜品、服务等内容，并对其做出管理与规范。餐饮部经理的岗位职责如表 2-1 所示。

表 2-1　餐饮部经理的岗位职责

岗位名称	餐饮部经理		所属部门	餐饮部
上　　级	餐饮部总监		下　　级	餐饮部主管
职责概述	在餐饮部总监的指导下，制订餐饮部经营计划，确定各项预算，督导各营业点、厨房的日常业务顺利运作，确保提供令顾客满意的饮食产品和用餐服务，并为部门员工创造良好的工作氛围，达成部门利润目标			
工作职责	职责细分			
1．编制部门经营计划及规范性文件	◆　组织编制餐饮部各项管理制度，报餐饮部总监审核 ◆　主持编制和完善餐饮部各种服务规范与工作程序 ◆　组织分析营业成本，制订餐饮部各项经营计划，确定预算			

（续表）

工作职责	职责细分
2. 部门经营管理	◆ 主持召开部门例会，组织、协调、指挥和控制各营业点准确贯彻实施各项餐饮经营计划，并控制预算 ◆ 负责本部门安全和日常的质量管理工作，检查和督促各部门严格按照工作规程与质量标准开展工作，解决工作中出现的问题 ◆ 做好餐厅的内部协调工作及与其他相关部门的沟通合作，尤其是协调好前厅服务与后厨生产的关系 ◆ 审批部门内部物资的使用
3. 厨房运营管理	◆ 督促行政总厨做好食品卫生、成本核算、食品价格、供应标准等工作，积极支持对菜品的研究，不断推陈出新 ◆ 审阅当日营业报表，掌握当日食材供应和厨房准备工作情况，与行政总厨协调，组织做好准备工作 ◆ 负责餐饮部的设施、设备及厨房用具的管理，拟定各项设备的添置、更新和改造计划，不断完善服务项目 ◆ 督促行政总厨做好厨房卫生、安全工作，贯彻执行食品卫生制度，开展经常性的安全保卫、防火教育，确保厨房生产安全
4. 各营业点的经营管理	◆ 组织相关营业点做好有关菜品、饮品的销售工作 ◆ 开餐时，巡视各营业点的运转情况，督导、检查各营业点的服务质量，广泛征集顾客意见和建议，并组织落实改善工作 ◆ 及时处理顾客投诉与抱怨，与顾客建立良好的关系 ◆ 每月底对各营业点当月的经营活动进行分析，研究当月经营情况和预算控制情况，分析原因，提出改进措施 ◆ 督促各营业点经理做好现场的卫生、安全工作，为顾客提供清洁、舒适的用餐环境 ◆ 组织送餐经理做好客房送餐与外卖服务工作
5. 人员管理	◆ 提名行政总厨、各营业点负责人的任用，递交餐饮部总监审核 ◆ 协助制作针对餐饮部员工的各项培训计划，对下属员工进行业务培训，不断提升他们的服务技能和推销技巧 ◆ 制定餐饮部各级管理人员和服务人员的考核标准，考核员工的日常工作业绩，以激发员工的工作积极性

2.2.2 楼层经理岗位职责

楼层经理的主要工作有对楼面进行全面管理、为顾客提供优质服务、带领团队人员完成顾客服务工作、处理顾客投诉等。楼层经理的岗位职责如表2-2所示。

表2-2 楼层经理的岗位职责

岗位名称	楼层经理	所属部门	餐饮部
上 级	餐饮部经理	下 级	服务人员
职责概述	根据部门经营策略，负责楼面日常营运和管理工作，根据企业制定的安全、卫生、服务标准督导本楼层工作，严格控制成本，做好节能节源工作		

（续表）

工作职责	职责细分
1. 楼面管理	◆ 参与制定楼面服务程序和标准并组织培训，确保服务程序和标准的实施 ◆ 建立物资管理制度，督导员工正确使用餐厅各项设备和物品，做好清洁、维护、保养工作，减少费用开支和餐具损耗，组织管理好餐厅的各种物品 ◆ 负责相关部门的协调工作，处理各种突发事件 ◆ 签署餐厅各种用品的领用单、设备维修单、损耗报告单等，及时转呈餐饮部经理审批，保证餐厅业务正常运转 ◆ 参加前厅各种业务会议，主持团队内部例会
2. 客情管理	◆ 了解客情，根据营运情况编排员工班次和休息日，负责下属员工的考勤工作 ◆ 在开餐期间，负责整个餐厅的督导、巡查工作，迎送重要的顾客并在服务中给予特殊的关照，认真处理顾客的投诉，做好记录并将顾客的投诉及时向上级报告 ◆ 检查结账过程，杜绝舞弊现象 ◆ 加强与顾客的沟通，发展良好的顾客关系，及时处理顾客投诉并查明原因，建立顾客投诉档案
3. 培训与安全管理	◆ 负责组织服务人员参加各种培训及活动，不断提高其服务水平；坚持以顾客为核心的服务宗旨，做好前后台的协调工作，促进各项工作顺利开展 ◆ 贯彻落实安全措施，增强员工消防安全意识，教导员工熟练使用消防设备，对不安全因素要严查，防微杜渐，确保安全
4. 人员管理	◆ 对服务人员的工作技能、业务水平、思想素质等进行培训、督导和考核等 ◆ 对前厅和后厨进行沟通、衔接、协调等 ◆ 负责对员工工作表现进行定期考核和奖惩，制订员工培训计划，并亲自落实培训 ◆ 督促员工遵守餐厅的各种规章制度和履行岗位职责

2.2.3 厨师长岗位职责

厨师长是厨房管理、厨房计划制订、菜品创新、统筹安排与人员管理的主要负责人。厨师长的岗位职责如表2-3所示。

表2-3 厨师长的岗位职责

岗位名称	厨师长	所属部门	餐饮部
上 级	行政总厨	下 级	厨师
职责概述	全面负责厨房管理工作，负责菜式安排和生产督导管理工作。制定厨房管理制度和操作规程，合理编制后厨工作人员排（值）班表，进行菜品的档次研究，制定菜品、宴会标准，参与货物的验收，严格控制原材料进货的质量、数量、价格等			
工作职责	职责细分			
1. 厨房日常运营管理	◆ 在行政总厨的指导下制定菜单，不断推出新菜和特色菜 ◆ 根据餐厅的经营情况制订厨房的采购计划，向采购部门提供采购单 ◆ 准时参加行政总厨召开的例会，在掌握订餐需求等信息的前提下，制订厨房生产计划，并组织开展生产工作			

13

（续表）

工作职责	职责细分
2．厨房菜品生产管理	◆ 负责安排厨房的菜品生产，并监督、检查菜品的质量 ◆ 督导砧板、粗加工、打荷、冷菜、炉灶、面点等操作点的厨师按照工作规范开展菜品加工与生产工作 ◆ 督导宴会、冷餐会、酒会等大型餐会的厨房准备及出菜工作 ◆ 巡查厨房各操作点，监督厨师的投料和技术操作，满足顾客对菜品的要求
3．中餐厨房成本控制	◆ 督导各操作点厨师正确使用厨房的设施设备 ◆ 审核砧板、打荷、炉灶等各操作点向粗加工操作点递交的领料单 ◆ 巡视厨房，监督厨师的用料量，严格控制厨房的成本
4．人员管理	◆ 负责制订厨房各操作点厨师的业务培训计划，不断提高厨师的业务水平 ◆ 组织开展各操作点厨师的业务培训工作，并做好新员工的入职辅导与带教工作 ◆ 对厨房各操作点厨师的工作进行考评，制定奖惩办法，并提请行政总厨审批后，呈交人力资源部实施奖惩

2.2.4 迎宾人员岗位职责

迎宾人员不仅要做好迎送工作，还要了解餐厅建设、菜品的品类与特色等。迎宾人员的岗位职责如表2-4所示。

表2-4　迎宾人员的岗位职责

岗位名称	迎宾人员	所属部门	餐饮部
上　级	餐饮部主管	下　级	/
职责概述	做好顾客的迎送工作，了解和收集顾客的建议与意见，并及时反馈给上级领导，以规范的服务礼节，树立餐厅优质、文雅的服务形象		
工作职责	职责细分		
1．迎送顾客	◆ 每天在营业前，细心留意订座的位置及可供顾客入座的数量，恰当安排顾客入座，确保增加餐厅营业额 ◆ 使用服务敬语，主动热情地迎送顾客，适时向顾客介绍餐厅或酒店设施，并及时回答顾客的询问 ◆ 熟悉餐厅内厅房、座位位置，及时、准确地选择并引领顾客至满意的餐位 ◆ 当餐厅满座时，应礼貌、耐心地向顾客解释，并为顾客办好登记候位手续 ◆ 顾客离开餐厅时，要主动向顾客道谢，并欢迎顾客下次光临		
2．物品管理	◆ 更换、保管餐厅布草，保证其使用量正常，及时向领班报告损耗情况 ◆ 妥善保管、检查、更新、派送菜牌和酒水牌，发现破损后及时更换，使之保持干净、整洁的状态		
3．其他工作	◆ 适时征询顾客的意见、建议，记录顾客的相关信息，做好顾客信息收集工作，及时与服务人员沟通，提高顾客满意度 ◆ 妥善保管顾客遗留物品，拾到贵重物品应马上交至领班处 ◆ 当班结束后，与下一班做好交接工作；营业结束后，搞好所管辖区域的公共卫生，做好收尾工作		

2.2.5　服务人员岗位职责

服务人员需要对顾客的整个用餐流程负责，餐前、餐中、餐后都需要为顾客提供相应的服务。服务人员的岗位职责如表2-5所示。

表 2-5　服务人员的岗位职责

岗位名称	服务人员		所属部门	餐饮部
上　级	餐饮部主管		下　级	/
职责概述	做好上班前的楼面准备工作，及时了解顾客心态、需求，为顾客提供服务，掌握业务操作知识，懂得顾客所点菜品的食用方法，接待顾客时应主动、热情、礼貌、耐心、周到，善于向顾客介绍和推销本餐厅的特色菜品			
工作职责	职责细分			
1. 开餐准备	◆ 认真做好开餐前的准备与检查工作，按标准摆台、布置餐厅 ◆ 补充开餐的各类用品和用具			
2. 向顾客提供就餐服务	◆ 为顾客安排座位，拉开椅子以方便顾客入座 ◆ 按点菜服务规范为顾客提供点菜服务，做好菜品、酒水的推销，并按要求填写顾客的点菜单、酒水单 ◆ 与传菜人员、酒水人员等密切合作，按相应程序与标准为顾客提供高效、优质的就餐服务 ◆ 及时清理服务区域内的桌面，更换干净的台布、桌垫，并尽快重新摆好台位 ◆ 及时征询顾客的意见和建议，尽量帮助顾客解决就餐过程中的各类问题，必要时将顾客意见填写在质量信息卡上，并反映给领班 ◆ 遇到顾客投诉，应立即向领班汇报并积极解决，尽量满足顾客的要求			
3. 餐后送别	◆ 顾客就餐后引导顾客结账 ◆ 顾客离开时，提供送别服务，并及时清理就餐台面			
4. 其他工作	◆ 做好区域餐具、布草、杂项的补充与替换工作，及时向领班汇报设备及器皿的损坏和短缺情况 ◆ 负责区域设施、设备的清洁保养工作，保证提供优雅、清洁、安全的就餐环境 ◆ 当班结束后，与下一班做好交接工作			

2.2.6　收银人员岗位职责

餐厅的收银人员需要熟练掌握餐厅的收银、记账等业务流程，并具有独立处理业务的能力。收银人员的岗位职责如表2-6所示。

表 2-6　收银人员的岗位职责

岗位名称	收银人员		所属部门	餐饮部
上　级	餐饮部主管		下　级	/
职责概述	执行餐饮部主管的工作指令，向其报告工作，熟练掌握餐厅各种茶品、酒水的价格，准确开列发票、账单，按照规章制度和工作流程进行业务操作			

（续表）

工作职责	职责细分
1. 收取账款	◆ 按照收银结账规章制度和工作规范，为就餐顾客办理结账事宜 ◆ 按餐厅规定的收费标准向顾客收取餐饮费用
2. 账单核对与整理	◆ 负责签收餐厅及其他部门送来的消费单据并及时入账 ◆ 负责整理餐厅营业单据及营业款项 ◆ 检查、核对每天收到的现款、票据是否与账单一致 ◆ 接收吧台转来的顾客消费单，确保交接手续齐全
3. 编制报表并上交	◆ 负责收银收入日报表的编制和营业单据的整理 ◆ 将已过账的营业账单，按日期顺序整理后交财务人员核对、保存
4. 其他工作	◆ 检查仪容，做好上下班交接工作 ◆ 了解顾客需求，解答顾客的疑问 ◆ 负责向顾客介绍付款的注意事项和付款方式 ◆ 负责收银设备如计算机、打印机、计算器、POS 机等的日常维护与清洁 ◆ 完成领导交办的其他工作

2.3 餐饮部绩效考核

2.3.1 餐饮部卫生绩效考核

卫生管理是餐饮行业在经营过程中不容忽视的内容，饮食卫生关系到顾客的身体健康、企业的信誉与餐厅的营销，因此餐饮企业需要对餐饮部卫生进行考核，具体内容如表 2-7 所示。

表 2-7 餐饮部卫生绩效考核

序号	指标名称	说明	计分规则
1	环境卫生标准	餐厅大堂：每日打扫公共区域，确保一切公共设施整齐光亮	10 分
		玻璃门窗：要保持光亮，做到无污渍、无水渍、无手印	5 分
		窗台：每日清洁窗台，做到无污渍	5 分
		地面：无杂物、光亮、无水渍、无油渍	5 分
		备餐柜：物品摆放整齐，无私人用品，确保干净无油渍	5 分
		桌椅：无灰尘、无油渍	6 分
		灯具：光亮、无油渍、无灰尘	5 分
		要定期擦洗装饰物及植物，并定期对植物施肥、打药、杀虫、清除败叶和杂物	5 分
2	餐具卫生标准	洗净后光洁明亮，无污渍、无油渍	5 分
		能够按规格整齐摆放于消毒柜中消毒，每周定期对全部餐具进行一次统一的消毒	6 分

（续表）

序号	指标名称	说明	计分规则
3	工作卫生标准	上班时间不得抽烟、喝酒，不得随地吐痰，严禁面对菜品和顾客打喷嚏、咳嗽，严禁乱丢废纸、乱放水杯	6分
		严禁使用掉落至地面的餐具和食物	5分
		不可直接用手接触食物，不得碰触杯口、碗口、筷子前端及汤匙盛汤部位，传菜过程中需要全程佩戴塑料兜嘴	6分
4	个人卫生标准	不留长指甲和涂有色指甲油，勤洗澡、勤换工作服、勤洗被褥	6分
		上岗时须着工服，厨房人员还需戴卫生帽	5分
		每年必须进行体检，并持健康证上岗	5分
5	穿戴标准	工作时间不佩戴夸张饰品，工作牌必须佩戴在左胸上方，要端正、显眼	5分
		工作时间必须穿工作服，做到整齐干净、无褶皱、无破损	5分

注：合格得满分，不合格不得分。

2.3.2　餐饮部后厨绩效考核

为了加大对厨师队伍的考核管理力度，提高厨师厨艺水平，更好地满足广大顾客的用餐需求，餐饮企业需要对后厨工作进行考核，具体内容如表 2-8 所示。

表 2-8　餐饮部后厨绩效考核

考核指标	量化考核说明		
	指标公式或描述	权重	考核标准
菜品出品速度	菜品出品速度达到企业标准	10%	◆ 菜品出品速度在标准内，得 ＿＿ 分 ◆ 每增加 ＿＿ 分钟，扣 ＿＿ 分
菜品出品质量、风味	菜品出品质量、风味符合企业标准，达到顾客要求	10%	由检查人员酌情评分
原材料、能源合理利用	对原材料及能源做到合理利用，避免产生浪费	10%	◆ 利用率在计划内，得 ＿＿ 分 ◆ 超出计划水平，扣 ＿＿ 分
制作成本达标率	制作成本达标率 = $\frac{实际制作成本}{预期制作成本} \times 100\%$	10%	◆ 制作成本达标率在 ＿＿% 以上，得 ＿＿ 分 ◆ 每降低 ＿＿%，扣 ＿＿ 分 ◆ 低于 ＿＿%，不得分
顾客投诉率	顾客投诉率 = $\frac{提出投诉的顾客人数}{就餐顾客总数} \times 100\%$	10%	◆ 顾客投诉率在 ＿＿% 以下，得 ＿＿ 分 ◆ 每提高 ＿＿%，扣 ＿＿ 分 ◆ 高于 ＿＿%，不得分
后厨卫生达标率	后厨卫生达标率 = $\frac{后厨卫生检查合格数}{后厨卫生检查总数} \times 100\%$	15%	◆ 后厨卫生达标率在 ＿＿% 以上，得 ＿＿ 分 ◆ 每降低 ＿＿%，扣 ＿＿ 分 ◆ 低于 ＿＿%，不得分
安全问题	保证后厨人员、设备安全，避免出现人员受伤、火灾等	15%	每发生一次事故，扣 ＿＿ 分

（续表）

考核指标	量化考核说明		
	指标公式或描述	权重	考核标准
部门费用预算超支率	部门费用预算超支率 = $\dfrac{\text{部门采购实际费用} - \text{部门采购预算费用}}{\text{部门采购预算费用}} \times 100\%$	10%	◆ 部门费用预算超支率在 ___ %以下，得 ___ 分 ◆ 每提高 ___ %，扣 ___ 分 ◆ 高于 ___ %，不得分
部门计划执行率	后厨管理计划完成情况	10%	由上级主管人员评分

2.3.3 餐饮部服务绩效考核

为了提升营销业绩，不断提高员工的服务能力，餐饮企业需要对餐饮部服务工作进行考核，具体内容如表2-9所示。

表2-9 餐饮部服务绩效考核

序号	指标名称	说明	分值
1	仪容仪表	按照企业对员工仪容仪表的要求考核	7
2	礼貌用语	规范使用企业规定的礼貌用语	7
3	客人迎接	按企业规定完成顾客的迎接与引领工作	5
4	操作技能	熟练使用企业规定的操作技能	7
5	及时回应	及时回应顾客提出的需求	8
6	开单规范	台号、菜名、数量内容正确，字迹清楚，无差错	7
7	顾客投诉	无顾客投诉	8
8	顾客表扬	顾客向经理级以上管理人员提出当面表扬或书面表扬，或在回访卡上注明"加薪"或"奖励"字样	5
9	工作区卫生	主动清理工作区域卫生并保持干净、无水渍，主动清理并保持桌面卫生	7
10	物品摆放	备餐柜器具摆放整齐	7
11	送客标准	顾客用餐后准备离店时，提醒顾客带齐物品并致欢送词	7
12	浪费现象	无浪费现象	5
13	综合评分	其中12分为各店自定，其中8分为员工所有上级对其岗位工作的整体综合评分	20

注：除第13条外，合格得满分，不合格不得分。

2.3.4 餐饮部营销绩效考核

为了使相关人员可以更好地配合餐饮企业做好促销活动，努力扩大客源，推销餐饮企业的餐饮产品，提高餐饮产品的销售量和餐饮企业的经济效益，餐饮企业需要对餐饮部营销工作进行考核，具体内容如表2-10所示。

表 2-10　餐饮部营销绩效考核

考核指标	量化考核说明		
	指标公式或描述	权重	考核标准
营销金额达标率	营销金额达标率 = $\dfrac{实际营销金额}{计划营销金额} \times 100\%$	20%	◆ 营销金额达标率在 ＿＿% 以上，得 ＿＿ 分 ◆ 每降低 ＿＿%，扣 ＿＿ 分 ◆ 低于 ＿＿%，不得分
营销数量达标率	营销数量达标率 = $\dfrac{实际营销数量}{计划营销数量} \times 100\%$	20%	◆ 营销数量达标率在 ＿＿% 以上，得 ＿＿ 分 ◆ 每降低 ＿＿%，扣 ＿＿ 分 ◆ 低于 ＿＿%，不得分
营销成功率	营销成功率 = $\dfrac{营销成功次数}{营销总次数} \times 100\%$	10%	◆ 营销成功率在 ＿＿% 以上，得 ＿＿ 分 ◆ 每降低 ＿＿%，扣 ＿＿ 分 ◆ 低于 ＿＿%，不得分
营销回报率	营销回报率 = $\dfrac{营销利润}{营销成本} \times 100\%$	20%	◆ 营销回报率在 ＿＿% 以上，得 ＿＿ 分 ◆ 每降低 ＿＿%，扣 ＿＿ 分 ◆ 低于 ＿＿%，不得分
员工服务标准规范化	营销人员按照企业规定标准展开营销	10%	每发生一次事故，扣 ＿＿ 分
周期计划完成率	营销人员在固定时期内的计划完成率	20%	◆ 周期计划完成率在 ＿＿% 以上，得 ＿＿ 分 ◆ 每减少 ＿＿%，扣 ＿＿ 分 ◆ 低于 ＿＿%，不得分

2.4　餐饮部人员培训管理

2.4.1　餐饮服务礼仪培训

餐饮服务礼仪培训主要是针对服务人员的仪容、着装、仪态、服务等进行的培训，具体内容如下。

1. 仪容要求

对餐饮企业服务人员在仪容方面的整体要求为大方、端庄，具体要求包括但不限于以下四项内容。

（1）服务人员容貌需端庄，体态需匀称。

（2）服务人员需勤洗头、勤理发，确保头发干净无异味。

（3）女性服务人员应化淡妆，且需选择色彩柔和、对比不强烈的颜色。

（4）服务人员需勤洗手、勤剪指甲，不得涂抹有色指甲油。

2. 着装要求

对餐饮企业服务人员在着装方面的整体要求为美观、整洁，具体要求包括但不限于图

2-4 所示的五项内容。

1 男性服务人员需穿着上下同色的制服或穿着黑色裤子搭配颜色端庄的上衣；女性服务人员需根据不同季节，穿着裤装或裙装

2 服务人员需及时换洗、熨烫衣服，保持衣服干净、平整

3 服务人员需穿着黑色或素色的皮鞋、布鞋，女性服务人员如穿高跟鞋，鞋跟高度不得超过五厘米

4 女性服务人员如佩戴首饰，样式不得过于夸张，颜色不得过于鲜艳

5 服务人员如需佩戴手表，需在左手佩戴样式简单且带有素色表带的手表

图 2-4　着装要求

3．仪态要求

（1）站姿

餐饮企业服务人员的站姿主要有腹前握手式站姿和双臂后背式站姿，具体要求如表 2-11 所示。

表 2-11　站姿要求

站姿类别	站姿要求
腹前握手式站姿	◆ 上身挺直，双目平视，面带微笑，双肩水平，收腹挺胸，双手握于腹前 ◆ 要求服务人员右手在上，其中，男性服务人员需将右手握在左手的手背部位，而女性服务人员则需将右手握在左手的手指部位，双手的交叉点需在衣扣的垂直线上 ◆ 男性服务人员可将双脚分开，平行站立，但两脚距离不得超过肩宽，身体的重心需落在两脚上；女性服务人员可一脚放前，将脚后跟靠在另一脚的脚弓部位，形成丁字步，身体重心可放在两脚或者一只脚上，如穿礼服或旗袍，双脚需分开五厘米左右
双臂后背式站姿	◆ 双臂后背式站姿是男性服务人员的常见站姿 ◆ 上身挺直，双肩收平，收腹挺胸，双手在身后相握 ◆ 右手握住左手的手指或手腕置于髋骨处，两臂的肘关节自然收敛 ◆ 脚尖打开 60° 或双脚分开约 20 厘米

（2）走姿

餐饮企业服务人员在行走时要轻盈、稳健，具体要求为挺胸抬头，双目平视前方，且行进过程中不得低头或后仰。

男性服务人员在行进时，两脚需交替前进，脚尖需稍向外展，步幅约为自己的一脚之

20

长。女性服务人员在行进时，双脚则需踏在一条直线上，步幅为本人一脚的长度，如穿裙装或旗袍，步幅可略小些。

4．服务要求

餐饮企业服务人员为宾客提供服务时，需注意以下要求。

（1）服务人员需在距离宾客 1~2 米时，面带微笑迎上前，向宾客行 45° 鞠躬礼，并向宾客致欢迎词，如"中午好，先生，欢迎光临"。

（2）在了解宾客职位信息时，服务人员可用宾客职位称呼；如不知宾客的相关信息，服务人员可称呼男性宾客为"先生"，称呼女性宾客为"女士"。

（3）如宾客是男女结伴而来的，服务人员需先问候女性宾客，再问候男性宾客。

（4）在引领宾客时，服务人员需将右手手臂伸直，手指自然并拢，掌心向上，向行进的方向做出请的手势，并对宾客说"女士 / 先生，这边请"。

（5）到达餐桌后，服务人员需按先女宾后男宾或先主宾后一般宾客的顺序为宾客拉座椅，让宾客落座。

（6）宾客落座后，服务人员需主动、恭敬地递上菜单，并耐心等待宾客点菜，同时认真做好记录，如宾客征询意见，需用礼貌用语进行相关菜品的介绍。

（7）上菜时，服务人员需先告知上菜位置附近的宾客注意，然后将菜品放在餐桌上，并告知宾客菜品名称。

（8）宾客用餐时，服务人员需注意观察宾客的行为，如发现宾客有需要，需主动上前询问宾客。

礼仪服务管理关键节点，扫描下方二维码即可查看。

2．4．2　餐饮服务语言培训

餐饮企业在开展餐饮服务语言培训时，应从形式、程序和运用三个方面（见表 2-12）进行，确保客人就餐时有良好的就餐体验。

表 2-12 餐饮服务语言培训内容

服务语言要求	具体说明
形式上的要求	◆ 恰到好处，点到为止，服务人员在服务时只要清楚、亲切、准确地表达出自己的意思即可，不宜多说话 ◆ 有声服务，在服务的过程中，不能只有鞠躬、点头，没有问候，需要有语言的配合 ◆ 轻声服务，要求三轻：说话轻、走路轻、操作轻 ◆ 清楚服务，服务语言要规范 ◆ 普通话服务，除特殊需要外，应尽量讲普通话
程序上的要求	◆ 客人来店时，有欢迎声 ◆ 客人离店时，有道别声 ◆ 客人帮忙或表扬时，有致谢声 ◆ 客人欠安或者遇见客人的时候，有问候声 ◆ 服务不周时，有道歉声 ◆ 客人呼唤时，有回应声
运用上的要求	◆ 善用各种称谓，懂变通，语言运用做到恰如其分，且清楚、亲切 ◆ 善用各种问候语，注意时空的变化，把握语言时机 ◆ 善用征询语，上菜、开酒、撤盘等动作需要征得客人同意后再进行，询问时注意客人口吻，切记不要做完再打招呼 ◆ 善用拒绝语，无法满足客人要求时，可先肯定，再否定，语气要委婉 ◆ 善用指示语，引导客人做事情时，语气要有磁性，避免使用命令式语言，另外可配合使用手势 ◆ 善用感谢语，当客人表扬、帮忙或者提意见的时候，要灵活运用感谢语 ◆ 善用道歉语，使用道歉语是一个必要的程序，使用时语气要诚恳 ◆ 善用告别语，并做到声音响亮有余韵

2.4.3 餐饮营销技能培训

餐饮企业在开展餐饮营销技能培训时，应主要就菜品营销基本方法、营销时机选择和菜品营销注意事项进行培训，使得服务人员在达到良好的营销效果时，还能得到客人的赞赏。

1.菜品营销基本方法

当客人要求点菜时，服务人员可通过"一看、二听、三问"的技巧来细心观察客人的表情，仔细揣摩客人的心理，判断客人的消费需求。

（1）"看"

看客人的年龄、举止和情绪，是外地人还是本地人，是吃便饭还是洽谈生意或宴请朋友，判断谁是请客人谁是被请客人。

（2）"听"

听口音，判断客人是哪里人或从客人的交谈中了解其与同行人员之间的关系。

（3）"问"

询问客人的饮食需要，从而向客人推荐合适的菜品。

2．营销时机选择

服务人员在进行菜品营销时，主要应把握两个时机，即点菜时和菜上齐后。

（1）点菜时的营销技巧

当客人点菜时，服务人员可以利用客人的不同消费动机进行营销。

① 吃便饭的客人一般为因某种需要到餐厅用餐的客人。此类客人对菜品的要求是经济、实惠、便捷，此时服务人员应向其推荐物美价廉、制作时间短的菜品。

② 以调剂口味为目的的客人大部分是慕名而来的，想要尝尝餐厅的特色菜。针对此类客人，服务人员应注意多介绍一些能体现餐厅特色的菜品，数量要少但品质要好。

③ 以商务宴请为目的的客人一般都讲究排场，要求菜品丰盛、菜式精美、分量充足。针对此类客人，服务人员应主动向其推荐餐厅中档以上的菜品。

④ 以聚餐为目的的客人一般要求热闹，边吃边谈，要求菜品品种丰富而分量不大，精致而不贵，有时每人会点一道自己喜欢吃的菜，有时也会让服务人员配菜等。针对此类客人，服务人员应主动向其推荐物美价廉、方便制作的菜品。

⑤ 已形成某种饮食习惯的客人会表现出偏好某一种小吃、某一菜品的风味等。针对此类客人，服务人员应注意与客人打招呼，并试问："×× 先生，是和上次一样，还是另外点？我们今天推出了 ××，您要不要尝尝？"

（2）菜上齐后的营销技巧

① 菜上齐后，服务人员要及时提醒客人："各位，打扰一下，菜已上齐，请慢用，若有其他需要，请随时叫我。"

② 若是特殊宴请，服务人员应小声提醒点菜客人，菜已上齐，并征询其是否加菜。

3．菜品营销注意事项

服务人员在向客人营销菜品时，应注意以下几点。

（1）根据客人的心理需求，尽量向客人推荐时令菜、特色菜、招牌菜和畅销菜。

（2）当客人点菜过多或在原材料、口味上有重复时，要及时提醒客人。

（3）当客人所点菜品售罄时，要及时建议客人换菜，并向客人推荐与售罄菜品相似的菜品。

（4）在菜品营销或点菜的过程中，应注意菜品与酒水的搭配，如当客人点了啤酒时，服务人员不应向客人推荐海鲜类菜品。

（5）应注意征询客人的忌口与饮食偏好。忌口主要表现在有些客人不喜欢吃辣椒、葱、蒜、香菜等，要在点餐时询问，尤其是辛辣的菜品需要单独提醒客人，还有些客人喜辣、喜咸或希望多放某种佐料，应尽量满足其需求。

餐饮部员工培训管理办法，扫描下方二维码即可查看。

第3章
智能餐饮管理

3.1 智能餐饮管理系统

3.1.1 智能点餐系统

智能点餐系统是基于物联网、云计算、大数据、智能软件等技术，为餐厅量身打造的智能餐饮管理系统。智能点餐系统通过在线点餐、预约排队、在线订座等功能有效解决了传统餐饮管理难的问题。

1. 智能点餐系统的功能

智能点餐系统的功能多，支持多渠道入口，且与微信公众号、小程序等互联互通，不仅支持堂食在线点餐，还可以开展外卖订餐业务。其具体功能有以下六种。

（1）在线点餐

餐厅可搭建属于自己的线上点餐平台，顾客可单点菜品或选择套餐，也可选择是否参加满减活动、是否预交定金等。

（2）预约排队

智能点餐系统结合小程序进行点餐流程管理，可实现自动叫号、快捷点餐、快速入座。

（3）在线订座

顾客可通过该功能查看包间的环境，在线选择包间、大厅。餐厅可设置手动释放桌位、自动释放桌位、预订座位是否要交订金等。

（4）优惠买单

顾客在买单时，可以在小程序里自主选择多种优惠方式，如使用会员折扣、积分、优惠券等，此功能可提高顾客忠诚度和回购率，同时能提高工作人员的结算效率。

（5）外卖点餐

餐厅通过智能点餐系统可设置自主外卖或对接其他外卖软件，并按区域设置配送范围、起送条件、配送运费等。

（6）开发票

借助智能点餐系统，顾客可通过手机扫码自助开票，这不仅提高了餐厅开票的效率，而且提高了顾客满意度。

2．智能点餐系统使用流程

顾客进入餐厅就座之后，扫描餐桌上的二维码进入智能点餐系统，就可以查看电子菜单，在线选择餐品。智能点餐系统自动识别餐桌号，收银和后厨自动接单并进行配餐、出餐。顾客用餐完毕可直接在线完成支付。

3. 1. 2　智能结算系统

智能结算系统采用了先进的计算机技术、物联网技术、视觉结算技术、人脸识别技术，能满足餐饮结算的个性化需求，提供以人为本的新餐饮体验。

通过智能结算台，将装有菜品的托盘放到秤盘上结算，显示屏就会向顾客显示本次用餐的份数、费用，顾客可通过多种支付方式进行自助结算，整个自助收银流程快捷方便。

1．智能结算系统架构

智能结算系统采用一体化设计和视觉识别算法，集成了高清摄像装置、读卡器、显示屏等多个设备，对放入智能结算台的餐具进行批量快速识别，顾客自助完成核对、支付。

2．智能结算系统功能

（1）快速计算总价

餐具放入智能结算台后，系统会自动识别并计算价格，在智能结算台的显示屏上详细显示总价和菜品，语音提示顾客完成检查与支付。

（2）自助支付

菜品价格核算完成后，顾客可以在智能结算台的刷卡区刷卡、扫码或进行人脸识别支付，结算过程不需要人工干预。

（3）批量定义餐具价格

智能结算台或系统后台可一次性批量定义不同类型餐具所代表的价格。

（4）交易查询

通过智能结算台，餐厅工作人员可以方便地查询营业额、用餐人数、顾客消费记录等信息，同时可以自行判断顾客是否已买单，从而避免重复结算的情况。

（5）云同步

企业可通过云同步功能，对多个采用智能结算系统的餐厅进行管理，并将各餐厅的配置数据同步到后台进行统一管理。

3.1.3　智能厨房显示系统

智能厨房显示系统通过在出菜口、后厨、前厅等场所分别架设智能厨房显示系统（Kitchen Display System，KDS）设备来完成点餐、送餐等流程。具体流程为：顾客在前厅 KDS 设备端完成下单，该订单会传到后厨 KDS 设备端，后厨据此出餐并确认订单已完成，送餐员接菜时在出菜口 KDS 设备端确认已送餐，这种订单履行方式提高了餐厅的信息化、智能化水平。

智能厨房显示系统的功能结构如图 3-1 所示。

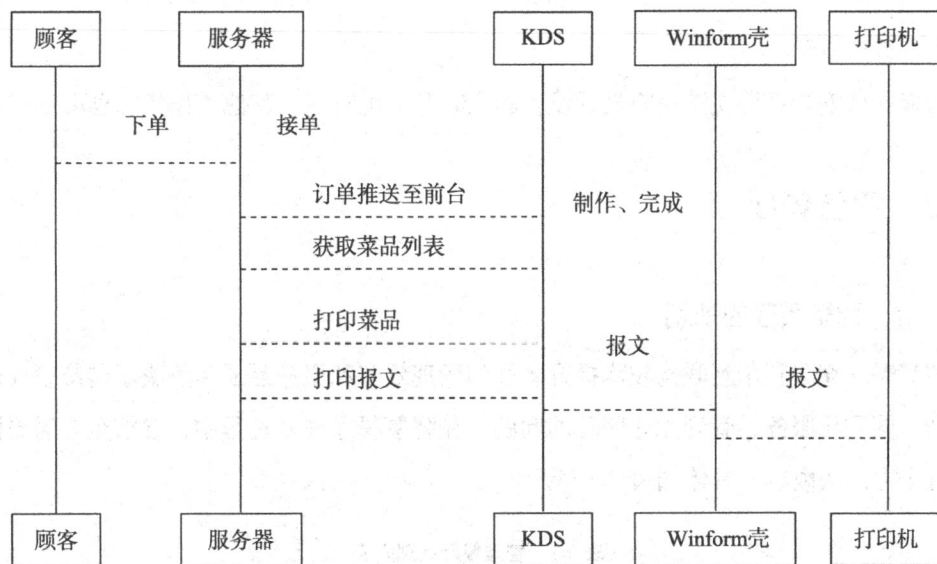

图 3-1　智能厨房显示系统的功能结构

3.1.4　智能厨房安全系统

智能厨房安全系统是一个智能生活服务管理系统，用户可以通过软件对厨房中的智能设备进行管理，同时能根据场景进行联动控制，实时监测厨房安全问题。智能厨房安全系统主要包括以下功能。

1．智能设备连接

用户通过物联网、蓝牙等技术将智能设备连接到手机应用软件，借助手机就能直接操作智能设备。

2．自定义安全报警

连接烟雾检测器、燃气泄漏检测设备后，手机应用软件中会显示这些设备的工作状态及报警状态值。出现问题时，这些设备会第一时间响应，同时手机应用软件也会推送报警信息。

3．智能安全监控

智能厨房安全系统可以对厨房的温湿度、烟雾浓度、溢水情况等进行实时监控，出现安全问题时会快速推送提醒消息并给出相应的安全解决措施。

4．故障记录查询

系统报警、设备使用状态或参数、泄漏等重大设备故障等都会留下记录，方便用户随时查询。

5．设备控制

不同的设备操控的设置内容是不同的，如冷冻柜可以控制温度范围设置。

6．智能定时

智能厨房安全系统支持用户设置设备的定时开关机时间，其他工作状态也可设定。

3.2 智慧餐厅

3.2.1 智慧餐厅的规划

智慧餐厅充分利用互联网技术提升餐厅的管理效率和服务品质，解决了传统餐厅的食材浪费、同质化服务、管理无法闭环的问题。在智慧餐厅规划过程中，餐饮企业需要注意以下五个方面的内容，具体如表 3-1 所示。

表 3-1　智慧餐厅规划内容

规划内容	具体说明
智能识别	通过简单的操作系统和灵活的设备配置，实现菜品智能识别、秒级计算、瞬时支付，为用户提供便捷的用餐体验，为管理者提供高效的运营方式
智能结算	智慧餐厅基于人工智能、物联网和大数据技术，重塑管理流程，帮助餐厅实现平台实时管控和数据集中处理，满足支付结算管理、营收自动对账与入账、食材采购管理、出入库管理、供应商管理、安全监管等全流程管理诉求

（续表）

规划内容	具体说明
线上订餐	用户可以通过移动端、立式大屏等进行线上订餐，订餐后可以堂食、自提，也可以选择由餐厅配送；后厨可以根据线上订单精准备餐，能有效避免食材浪费，降低运营成本
食材安全监管	通过食材批次管理、食材保质期管理、食材出入库管理、供应商资质管理与合同管理等，系统性降低食品安全风险；基于人脸识别、物体识别、人形监测、语音识别等技术，实现智能巡店，帮助管理者发现问题并及时改善
大数据应用	通过对菜品销量排行、营业收入、消费结构、支付渠道等数据进行分析，可针对性地进行餐厅菜谱优化与食材采购优化，帮助餐厅更好地与供应商进行价格谈判，以及与支付渠道商议服务费等

3.2.2　智慧餐厅的设计

在进行智慧餐厅的设计时，餐饮企业需要从餐厅和顾客的角度出发，实现经济、方便、快捷高效的效果。智慧餐厅应包含以下功能。

1．在线预订

（1）智慧餐厅通过智能预订系统，可实现餐位预订电子化，告别手写预订单，操作简单、效率更高，节省人力、财力。

（2）顾客在线预定餐桌，能避免长时间等待，同时餐厅可减少就餐流失量。

（3）顾客通过智能预订系统预订成功后即成为会员，会员管理系统会自动收集整理顾客资料，形成顾客档案。

2．排号系统

（1）线上取号。顾客可通过 App、小程序、微信公众号取号，节约等待时间。

（2）自动叫号。顾客现场取号，排队系统自动叫号，大大缓解服务人员在就餐高峰期的服务压力。

（3）进程提醒。系统自动推送排号消息，顾客随时掌握等位进程。

（4）预点单。顾客在排队时可通过手机预先点菜，节省就餐时间。

3．扫码点餐

顾客扫描餐桌上的专属二维码进入系统点餐，也可以备注的形式留言，系统自动识别餐桌号，自动打印菜单。顾客用餐完毕可直接在线完成支付。

4．智能送餐

顾客扫码下单后，后厨实时接收订单信息，准备菜品。后厨制作完毕，在机器人界面输入桌号，机器人将自动送餐。机器人可以多点送餐、多层送餐。

5．会员管理

进行会员管理，可全面获取顾客信息并加以整合。通过会员关怀、群发优惠券、分享返利、等级折扣、积分兑换等会员营销方式，可提高会员黏度，增加回头客。

6．门店管理

进行门店管理，可全方位统计餐厅数据，包括营业额、客流量、实收、排队就餐率、菜品销量、人均消费额、会员数据等；掌握餐厅经营状况，定位问题更准确。

7．顾客评价

顾客消费后，可对菜品、服务、环境做全方位评价。餐厅在积攒口碑的同时，也能及时发现不足，提高服务水平，满足日益精细化的顾客需求。

3．2．3　智慧餐厅的管理

智慧餐厅通过精细化管理，可提高管理效率及经营效益。

1．智慧餐厅前台管理

（1）服务流程管理

智慧餐厅通过预订、接待、点单、分单、结账、收银等流程，使各前厅服务环节更规范、高效、有序，为顾客创造愉悦的就餐氛围，为员工提供业绩评估体系，为经营者节省人力、物力。

（2）服务模式管理

智慧餐厅通过手机、平板电脑等移动智能设备实现对前厅的移动化管理，服务人员位置无须固定，在餐厅任何位置都可以完成领位、开台、加单、下单、催菜、结算等操作，从而缓解前台压力，最大化提高前厅服务人员工作效率。

智慧餐厅通过平板电脑实现顾客点餐、下单、支付的全程自助化，从而节约人力成本，削减机械劳动时间，重构人员劳动结构，提升餐厅服务附加值，提高餐厅盈利能力。

（3）营销业务管理

智慧餐厅运用灵活而全面的"折扣卡""积分卡""会员卡"的管理模式，使抽象的客户关系管理具体化、易操作化。

（4）后厨出品业务管理

智慧餐厅能做到出品调度有序，菜品调度有据。传统的分单、传单环节转变为由系统瞬间完成，顾客餐台的转并，菜品的催、缓、加、退、换等信息及时传到厨房、传菜等部门，各式菜品的消费数据统计及时准确，有助于实现菜品淘汰与创新。

2．智慧餐厅后台管理

（1）生产物料成本管理

智慧餐厅通过对基本菜品与使用贵重原材料的重点菜品建立标准耗用成本卡，建立起对生产物料成本的目标跟踪管理体系，从而合理控制生产物料成本。

（2）供应链管理

智慧餐厅管理购、销、领、退、调、转、盘、存等物资进销存业务，实现物流、信息流、资金流的完整统一，以及企业内部的高度协同，从而提升整体运作效率。

（3）经营分析管理

智慧餐厅通过提取针对行业需求的上百种经营分析统计报表，令经营者实时准确了解企业经营情况，同时为经营者提供决策支持。

（4）移动化决策管理

智慧餐厅打破了系统环境限制，帮助企业管理人员实现随时随地使用手机、平板电脑等可移动的便携设备完成报表查询、权限管理、营业管理、档案管理等业务操作，从而提升餐饮企业管理效率，降低管理成本，杜绝决策滞后。

3.3　机器人服务管理

3.3.1　机器人的使用

这里讲的机器人是指一种定位于餐饮服务的新型机器人，其功能极为丰富，不仅可以在餐厅进行迎宾送菜，还能在安静的房间中与顾客进行固定词条的语音交互。机器人具体可实现以下七种功能。

1．巡线行走

机器人能在预先设置了行走标记的道路上行走。

2．标签识别

机器人能识别贴在指定物品或指定位置上的标签，并相应介绍该物品的情况及指定位置的展品情况等。

3．执行动作

机器人能做出迎宾姿势和挥手等规定动作。

4．遥控动作

服务人员能通过遥控器或系统后台来控制机器人前进、后退、停止、左转、右转、播放音乐、停止播放音乐等。

5．智能点餐

顾客能通过机器人所携带的平板电脑点菜，相关订单信息会传到厨房和前台。

6．紧急避障

如果前进路线上出现人或物体，机器人会紧急停止，等障碍物消失后继续行走，防止触碰到人或物体。

7．语音对话

机器人能在安静的房间中与顾客进行固定词条的语音交互。

3．3．2　机器人的维护

为了确保机器人的顺利运行，减少机器人发生故障的次数和停机时间，充分利用机器人提高生产效率，餐厅工作人员必须对机器人进行维护与保养。

1．线路检查

由于机器人的控制装置柜和电缆线都是带电物，所以在使用前，餐厅工作人员一定要检查电缆线的绝缘层是否遭到破坏，以及气动系统的气压是否正常，这样才能保证机器人有更好的使用效果。

2．定期清洁

餐厅工作人员在使用机器人时，要定期清洁其外壳，因为送餐的过程中难免会出现汤汁渗出的情况，所以定期擦拭和清洗能够保护机器人的外壳不会受到腐蚀。

除此之外，餐厅工作人员还要时刻保持机器人的干燥，并保证其行驶路线上不会有大量水出现，这样能让机器人有更长的使用寿命。

3．注意工作状态

在使用机器人的过程中，餐厅工作人员要时刻关注其动作，如果机器人出现偏移行驶路线的异常状况，就要及时按下急停开关，以免对顾客和餐厅的设施造成伤害。

4．日常养护

由于机器人每天的工作时间都很长，所以餐厅工作人员要做好日常的养护工作，要按时为机器人充电，但充电的时间不宜过长或过短。

第 4 章
餐饮品牌与营销管理

4.1 餐饮品牌管理

4.1.1 餐饮品牌定位

餐饮品牌定位是指餐饮企业在产品定位的基础上，建立一个符合市场、产品的品牌形象，使得餐饮品牌在顾客心中形成特别的印象。

1. 餐饮品牌定位分类

餐饮品牌定位是餐饮品牌管理的前提和基础。餐饮品牌定位可从以下五个方面进行分类，具体如表 4-1 所示。

表 4-1　餐饮品牌定位分类

定位分类	具体内容
产品定位	产品是品牌的基础，一家优秀的餐饮企业只有其产品得到顾客的信任、认可和接受，并能与顾客建立紧密关系时，才能促进品牌的发展。品牌餐饮企业建立的基础是其产品在质量，色、香、味，独特性等方面具有一定优势
服务定位	服务对于餐饮企业的重要性不言而喻，提高自身的服务水平是餐饮企业塑造品牌的重要途径。餐饮企业应建立全面的服务体系，如规范化的服务行为、礼貌语言等，同时应避免服务形式化，要切合实际，使服务更加人性化
消费定位	消费定位是指按餐饮企业与某类消费群体的生活形态和生活方式的关联进行定位。成功运用消费定位，可以为餐饮企业树立起独特的品牌形象和品牌个性
情感定位	情感定位是指运用餐饮企业直接或间接冲击顾客的情感体验而进行的定位。情感定位是实现品牌诉求的重要支点。顺应顾客消费心理的变化，用情感定位引起顾客的共鸣，可以加大餐饮产品的营销力度

（续表）

定位分类	具体内容
文化定位	文化定位是指将某种文化内涵注入餐饮企业品牌中，形成文化上的品牌差异。文化定位不仅可以大大丰富品牌的内涵，而且可以使品牌形象独具特色，更易获得顾客的心理认同

2．餐饮品牌定位要考虑的因素

在进行餐饮品牌定位时，餐饮企业需要从以下四个方面考虑。

（1）顾客认知定位

餐饮企业要明确为顾客提供食物是核心的服务。顾客用餐时考虑的首先是口味，其次是健康，最后是服务，这也是顾客对餐饮基本的认知。餐饮企业的定位就要围绕这三点展开，迎合顾客的认知。

（2）品类细分定位

品类细分定位可以清晰地告知顾客餐饮企业提供的是什么，核心产品是什么，因为顾客能记住一家餐饮企业，一个品牌，往往是因为某个产品。因此，餐饮企业在进行品类定位时，要聚焦产品，传递给顾客清晰明确的产品认知。

（3）特色诉求定位

以特色的食材、独特的口味、良好的消费体验及绿色健康等来迎合顾客的需求，是特色诉求定位必不可少的内容。如有的餐饮企业提出了有机、绿色、原生态的概念，吸引着新一代的消费群体。

（4）情感诉求定位

在个性化消费时代，如果顾客不喜欢，一切都是徒劳。因此，餐饮企业应深入了解顾客的情感需求，引起顾客的情感共鸣，这样才能让品牌获得价值认同。

4.1.2 餐饮品牌策划

餐饮品牌定位确定后，企业要根据品牌定位策划品牌。餐饮品牌主要根据企业的价值观念、使命、目标、质量理念、人才理念、安全理念等进行策划。餐饮品牌策划的步骤如图 4-1 所示。

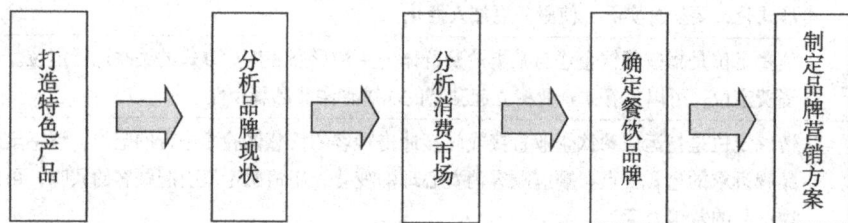

图 4-1　餐饮品牌策划的步骤

1．打造特色产品

餐饮企业应明确产品范围，确定所经营的产品，了解产品的特性，熟悉产品的用途和食用对象。

2．分析品牌现状

餐饮企业应分析品牌现状，确定品牌形象，明晰品牌的核心概念，确定品牌口号，了解目前品牌存在的不足及品牌的实力，判断餐饮品牌是否符合大众的消费需求。

3．分析消费市场

餐饮企业应对顾客进行分析，如分析顾客的消费喜好与消费能力，根据顾客偏好制定相应的品牌策划策略。

餐饮企业应对竞争对手进行调查，如调查其他品牌的知名度，调查顾客买过或者尝过的其他品牌，调查顾客对其他品牌的喜爱程度。

4．确定餐饮品牌

餐饮企业应根据自身情况、市场情况进行分析，打造符合企业发展的餐饮品牌。餐饮品牌要有一定的品牌符号，品牌符号的设计既要简约也要有丰富的含义，给人安全、健康、贴心的感觉。

5．制定品牌营销方案

餐饮品牌确定之后，餐饮企业要制定相应的品牌营销方案，确定营销的时间、地点和具体的实施步骤，以推广餐饮品牌。

4．1．3 餐饮品牌推广

餐饮品牌确定后，餐饮企业需要对餐饮品牌进行推广。进行品牌推广前，餐饮企业要先对品牌有清晰的认知，明确品牌定位，以更好地进行品牌的推广。餐饮企业可通过线下、线上两个渠道对餐饮品牌进行推广。

1．餐饮品牌线下推广

餐饮品牌线下推广的方式主要有以下五种，具体如表 4-2 所示。

表 4-2　餐饮品牌线下推广的方式

推广方式	说明
分发传单	是线下推广方式中最常用的推广方式之一，通过向路人分发传单，吸引路人的注意力，使得路人记住餐饮品牌，进而产生消费
开展活动	在餐厅前或者固定场地开展活动，通过活动使参与者或者旁观者了解餐饮品牌，从而达到推广品牌的目的

(续表)

推广方式	说明
广告宣传	通过投入一定的经费，购买公交站牌、地铁、商场的广告位，张贴广告，宣传餐饮品牌
事件营销	通过举办相应的餐饮活动，吸引顾客参与，制造话题来推广餐饮品牌，不仅会增强品牌宣传效果，还会带来一定的经济效益
公益活动	通过参与行业协会组织的公益活动来推广餐饮品牌

2. 餐饮品牌线上推广

餐饮品牌线上推广的方式主要有以下三种，具体如表 4-3 所示。

表 4-3　餐饮品牌线上推广的方式

推广方式	说明
短视频推广	通过拍摄、剪辑的视频，吸引各个平台用户的关注，以此增加餐饮品牌的曝光度和知名度。常用的短视频平台有抖音、快手等
社交软件推广	通过软文或者图文等形式在社交软件上进行转发或分享，常用的社交软件包括微信、微博、知乎、小红书等
外卖平台推广	通过在外卖平台上发布广告或推出大额优惠券，达到吸引顾客浏览店铺、购买产品，推广餐饮品牌的目的

4.2 餐饮营销管理

4.2.1 营销环境分析

餐饮营销环境是指影响餐饮企业营销的一切内外部因素和力量的综合。餐饮营销环境是一个含有多因素的复杂系统。从宏观层面看，影响餐饮营销环境的因素主要有经济、政治、文化、科技、人口等；从微观层面看，影响餐饮营销环境的因素主要有餐饮企业本身、供应商、顾客、竞争对手、社会公众等。

餐饮营销离不开社会、政治、经济、文化的影响，因此餐饮企业应对餐饮营销环境进行分析，寻找营销机会，实现和扩大销售，减少外部环境的制约。相较于宏观环境的不可控，微观环境直接影响着餐饮营销。从微观层面分析餐饮营销环境，主要包括以下五个方面的内容，具体如表 4-4 所示。

表 4-4　餐饮营销环境分析内容

微观层面要素	具体描述
餐饮企业本身	餐饮企业的经营理念、管理体制和方法、组织机构、资源，以及营销部门与其他部门的协调等，都将对餐饮企业营销活动的成效产生直接影响

微观层面要素	具体描述
供应商	餐饮企业的供应商向餐饮企业供应餐饮产品和无形服务产品，供应商的生产能力、规模、口碑、形象等也影响着餐饮企业营销活动的开展
顾客	顾客是餐饮企业的目标客户，是餐饮营销的面向对象，餐饮企业的一切营销都应以满足顾客的需要为中心
竞争对手	不同类型的餐饮企业面临着不同的竞争对手，如何通过营销增强自身的竞争力、如何在千篇一律的营销中产生新意是餐饮企业应该考虑的重点
社会公众	社会公众是指对餐饮企业实现营销目标有实际或潜在利害关系和影响的团体或个人。因此，餐饮企业在营销活动中要维护好公共关系

餐饮企业应对餐饮营销环境进行分析，明确产业和企业发展的关键因素，识别企业未来的机会和威胁，确定企业自身的优势和劣势，将关键因素、机会和威胁、优势和劣势紧密结合起来进行综合分析，为目标和战略的制定提供依据。

4.2.2　营销方案制定

在开展餐饮营销前，营销部需要制定营销方案，安排此次营销活动的时间、地点、人员等。下面以烘焙产品为例，展示一份营销方案。

烘焙产品营销方案

一、营销目标

为了提高 ×× 牌烘焙产品的知名度，扩大企业在同领域内的影响力，增加烘焙产品的销售数量，提高企业的经济效益，特制定本方案。

二、实施时间和实施地点

1. 实施时间

（1）本次营销活动的开展日期为 ×× 年 ×× 月 ×× 日到 ×× 年 ×× 月 ×× 日，共 ＿＿＿ 天。

（2）营销活动的开展时间上午为 8：00—12：00，下午为 14：00—18：00。

2. 实施地点

营销活动安排在 ×× 广场。

三、营销人员安排

营销方案人员：××。

营销推广人员：××。

（续）

主持人：××。

场地布置员：××。

礼品分发员：××。

维护秩序人员：××。

四、营销形式

本次营销活动通过两种形式展开，即游戏互动与产品讲解。

1．游戏互动

通过组织与烘焙相关的小游戏，增强营销活动的趣味性，通过分发礼品来吸引更多人的关注和参与。

2．产品讲解

在开展游戏的过程中，穿插讲解企业要推出的产品的相关信息，在给活动增强趣味性的同时实现营销目标。

五、营销活动实施

本次营销活动主要宣传几款主打烘焙产品，分三个阶段进行。

1．开场活跃气氛

（1）邀请有知名度的人员作为开场嘉宾，活跃开场气氛，吸引更多的人关注本次营销活动。

（2）主持人作为整场营销活动的中心人物，要引导参与人员和围观人员的情绪，耐心倾听现场人员的讲话，并适时给予反馈，控制全场气氛。

2．游戏互动介绍

（1）主持人组织现场参与人员做烘焙相关的游戏，如通过猜谜语了解烘焙知识、通过品尝烘焙产品识别原材料。

（2）在游戏中，不仅要强调营销活动的趣味性，还要重视营销活动的目的，即通过游戏推销企业的主打产品。

3．颁发奖品

游戏结束之后，向得分较高的几人颁发相应的奖品，也可以向其他参与者颁发参与奖，还可以向围观人员颁发幸运观众奖。

六、营销费用

本次营销活动主要涉及的费用有场地费、人工费、餐费、礼品费等。

4. 2. 3　营销方案执行

开展营销活动前，餐饮企业要根据市场情况、自身情况、营销产品的特点、顾客的消费偏好等要素来制定相应的餐饮营销方案；营销方案审批通过之后，就要组织工作人员执行营销方案。

营销方案的执行需要遵循一定的步骤，具体如图 4-2 所示。

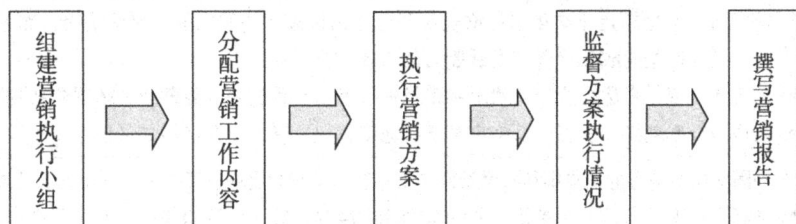

图 4-2　营销方案执行步骤

1．组建营销执行小组

营销方案审批通过后，营销部门可根据营销方案的人员安排情况组建营销方案执行小组，小组成员主要包括策划人员、撰稿人员、美术人员、推广人员、产品经理、场地布置人员、秩序维护人员等。

2．分配营销工作内容

营销部门根据营销方案分配相应的营销工作，执行小组按照分配的工作内容执行营销方案。

3．执行营销方案

执行小组按照计划执行营销方案时，要注重细节，不能忽略任何一个环节。

4．监督方案执行情况

营销部门要监督营销方案的执行情况，随时发现营销方案执行过程中存在的问题和危机，及时提出改善措施。

5．撰写营销报告

营销方案执行结束后，要根据营销结果撰写营销报告，评估营销方案是否达到预期效果，为之后的营销方案的制定提供依据。

4. 2. 4　营销效果评估

为了评估营销方案的执行情况，不断地改善营销方案，使营销达到预期效果，餐饮企业需要对营销方案的执行效果进行评估。

餐饮营销与餐饮企业的利益直接挂钩，餐饮企业要想评估营销效果，主要从以下七个方面进行，具体如表 4-5 所示。

表 4-5　营销效果评估内容

评估指标	评估内容
盈亏状况	餐饮企业进行营销的目的是提高经济效益，实现经济效益的最大化。因此，企业的盈亏状况是营销效果评估的重点
销售增长率	◆ 销售增长率是指企业本年销售增长额与上年销售额之间的比率。它反映销售额的增减变动情况，是评价企业成长状况和发展能力的重要指标 ◆ 销售增长率是衡量企业经营状况和市场占有能力、预测企业经营业务拓展趋势的重要指标 ◆ 销售增长率越高，表明产品销售额增长速度越快，餐饮企业市场前景越好
利润增长率	◆ 利润增长率是指企业本年利润增长额与上年利润总额的比率，反映企业营业利润的增减变动情况 ◆ 利润增长率越高，说明餐饮企业的营销能力越强，反之，说明餐饮企业的营销能力越弱
相对市场占有率	◆ 相对市场占有率是指企业各个产品的市场占有率与同行业中最大的竞争对手的市场占有率之比 ◆ 相对市场占有率是分析企业竞争状况的重要指标，也是衡量企业营销状况的综合经济指标 ◆ 相对市场占有率高，表明餐饮企业营销状况好，竞争能力强，在市场上占有有利地位；反之，则表明餐饮企业营销状况差，竞争能力弱，在市场上处于不利地位
品牌认知度	◆ 品牌认知度主要是品牌、产品或服务在顾客面前的曝光度 ◆ 它主要体现在是否处于搜索引擎结果页面靠前的位置；在主流社区媒体上的话题度有多高，话题数量有多少，有多少人参与话题的讨论；在顾客的消费选择中，在同类品牌中排名第几
顾客需求考虑	◆ 顾客需求考虑是指在营销活动中应考虑顾客的需求，以发掘潜在客户，增加销售数量 ◆ 顾客需求考虑带来的结果是更明智的决策、更明晰的优劣势比较、降低跳出率、更多的社会化推荐
顾客转换率	评估顾客转换率，就是看顾客是否做出购买举动，是否增加了销售额

4.3　餐饮营销方式

4.3.1　活动营销

活动营销是比较常用的营销方式之一，主要是通过举办社会活动来促进产品的销售，提高企业的知名度和影响力。不同主题的活动有不同的营销方式，下面以厨艺大赛为例，展示一份营销方案。

厨艺大赛活动营销方案

一、营销目的

为了加大餐厅的推广力度，增强大众对餐厅的认可度，吸引更多的顾客消费，

（续）

提高经济利益，特制定本方案。

二、活动名称

××届厨艺大赛。

三、活动时间、地点

1. 时间：××年××月××日 8:00—××年××月××日 17:00。

2. 地点：××大厅。

四、活动主办单位

××连锁餐饮企业。

五、活动内容

1. 本次比赛分为三轮，三轮总计得分最高者获胜。

2. 每轮采取淘汰制，每次淘汰总人数的 30%，最终留下来的计算总分。

3. 本次比赛的菜式自定，材料由主办单位准备，参与人员不得随身携带任何原材料，比赛过程中不得作弊。

4. 每轮比赛用时一个小时，评委品尝完后进行打分。

5. 每轮比赛的菜品不能重复。

六、活动参与人员

1. 所有人员都可以参加本次厨艺大赛，企业内部要筛选合适的厨师参与本次活动，主要展示即将推出的新品或者热门菜品。

2. 参与人员可自行组队，每队人数不得超过五人。

3. 参与人员要在报名截止日期前通过企业官网或者到现场报名，以便企业合理规划场地，布置现场。

七、评审小组

邀请餐饮企业的高管人员、当地餐饮协会的成员等组成评审小组。

八、活动实施步骤

（一）赛前准备

1. 根据报名的人数，选择合适的场地，并根据活动主题布置场地。

2. 准备好当天所需的食材及相应配料、烹饪工具、电气设备、防火装置等。

（二）进行厨艺比拼

1. 比赛分批进行，抽签决定参赛顺序。

（续）

2．比赛时，由评委进行计时，时间截止后，任何人不能再进行烹饪，对于违反规定者，扣除其 ___ 分。

（三）宣布得分

1．评委对每道菜品进行打分，在打分时要坚持公开、公平、公正的原则，不得私下接受贿赂。

2．比赛结束后，对留在第三轮的小组的比赛成绩进行统计。

（四）公布结果

根据得分，宣布比赛的冠军、亚军和季军。

九、评分标准

菜品的分数为100分，评委应从"色、形、味、名"四个方面打分，四个方面各占25分。

十、奖项设置

1．冠军、亚军、季军各一名，颁发不同的奖品。

2．优秀奖五名，颁发奖状。

3．参与奖若干名，颁发参与礼品。

十一、活动费用

本次活动的主要费用包括场地费、场地布置费、礼品费、食材及配料费、餐饮费、住宿费及其他各项费用。

抽奖活动方案，扫描下方二维码即可查看。

4.3.2　节假日营销

餐饮企业可利用节假日开展营销活动。

下面以情人节为例，展示一份营销方案。

情人节营销方案

一、营销目的

为了创造浪漫的就餐氛围，给顾客留下美好的回忆，提升顾客的幸福感和满意度，提高餐厅的知名度，特制定本方案。

二、营销主题

本次的营销主题是"与他（她）享受美食，享受今晚的浪漫"，以制造浪漫惊喜为出发点，为顾客提供满意的服务。

三、时间与地点

1. 时间：××年2月14日17:00—2月15日2:00。

2. 地点：××餐厅。

四、营销内容

1. 在××年2月10日至2月14日上午，餐厅可在线上、线下分发优惠券，顾客携带优惠券进行消费的，均可享受 ___ 折优惠。

2. 当晚前来餐厅消费的，餐厅免费为每桌提供一份情侣套餐，套餐菜式保密，以营造神秘感。

3. 结束就餐后，餐厅可为情侣提供饭后甜点，情侣可在布置好的场地内拍照打卡，品尝甜点，与相爱的人共同享受浪漫的环境。

4. 餐厅为前来参加活动的情侣提供情侣墙，情侣可将自己的爱情故事、愿望等写在纸上，然后张贴在墙上，留作美好的纪念。

5. 餐厅可举办小型的抽奖活动，奖品可设置为优惠券或者会员卡，顾客在之后的消费中使用可获得相应的折扣。

五、参与人员

1. 凡是年满22周岁的情侣、夫妻均可参与情人节活动。

2. 单身人员可携带自己的追求者参与情人节活动。

3. 每桌仅限两人。

4. 每桌仅可使用一张优惠券，不得重复使用。

六、场景打造

1. 餐厅布置

餐厅布置要偏向浪漫、新奇的风格，不可布置太多华丽的装饰，要结合情人节的特性，以吸引顾客的关注。

（续）

2．场地布置

布置专门的场地给顾客拍照打卡，还可邀请摄影师为顾客留影。

3．情侣墙布置

在餐厅醒目的位置设置情侣墙，并在周围设置相应的卡座和位置，以便顾客张贴、观看、拍照留念。

七、当天流程安排

（一）餐前拍照

由当地的摄影机构在布置好的场地中为前来消费的情侣拍照。

（二）引导就餐

1．服务人员引导顾客就座，为顾客提供菜单，可简单为顾客介绍特色菜品、爆款菜品等。

2．顾客点餐前，服务人员要告知其餐厅会提供惊喜套餐，请顾客适量点餐。

3．顾客点完餐后，餐厅为每桌提供惊喜套餐。惊喜套餐不限于新品、特色菜品、爆款菜品。

（三）餐后休闲

1．餐后可举办抽奖活动，顾客将餐前由餐厅发放的号码牌放入抽奖箱中，由餐厅总经理在抽奖箱中随机抽取一个号码牌，服务人员根据号码通知相应的顾客前来领取礼品。

2．顾客参加完抽奖活动后，可在服务人员的引导下，到指定位置拍照打卡，或者写下自己的爱情故事。

八、活动费用

本次活动的主要费用包括宣传费、场地布置费、食材费、礼品费、摄影费、策划费及其他相关费用。

春节营销方案，扫描下方二维码即可查看。

4.3.3　网络营销

随着互联网行业的飞速发展、社交平台的逐渐成熟，网络营销成为企业营销的重中之重。网络营销相较于线下营销而言，节省了很多人力、物力成本，选择何种平台进行网络营销，运用什么形式进行网络营销，是餐饮企业需要思考的问题。

网络营销的方式主要有以下五个，具体如表4-6所示。

表 4-6　网络营销的方式

方式	具体内容
搜索引擎付费推广	通过向搜索引擎付费，获得推广许可，在搜索引擎里面制作餐饮企业广告，宣传餐饮企业，吸引使用搜索引擎输入相应词条的人员进行点击
广告位推广	在流量较大的平台购买广告位，提高餐饮企业的曝光度，将餐饮企业推广出去，让更多的人熟知餐饮企业
短视频推广	将拍摄并剪辑好的视频放到短视频平台上，吸引短视频平台用户的浏览和关注，从而提升餐饮企业的知名度
社交平台推广	利用微信、微博、小红书、知乎等平台对餐饮企业进行宣传推广，吸引不同平台的流量，提高餐饮企业曝光度
直播推广	邀请知名主播通过直播探店的形式进行宣传推广

下面以微博为例，展示一份营销方案。

微博营销方案

一、营销目的

为了增强企业的关注度，增加微博上的粉丝数量，提高粉丝的转化率，提升企业的销售额，特制定本方案。

二、时间与地点

1. 时间：××年××月××日—××年××月××日。

2. 地点：微博平台。

三、营销方式

1. 本次微博营销主要采用抽奖的形式进行。

2. 奖品有优惠券和免单券。优惠券的面额不等，20元优惠券设置 ___ 张，50元优惠券设置 ___ 张，100元优惠券设置 ___ 张，免单券设置 ___ 张。

3. 每一个ID代表一个用户，每一个用户仅可领取一次奖品。

4. 关注企业微博账号的粉丝对抽奖微博进行转发、评论，在开奖的时候就有可能成为中奖人。

（续）

四、参与人员

关注企业微博账号的全体用户均可参与本活动。

五、营销流程安排

（一）营销前宣传

1. 企业可以通过企业微博账号发布图文，宣传此次营销活动，并公布此次活动通过抽奖的方式进行。

2. 将抽奖的时间公布在微博上，粉丝可通过对抽奖微博进行转发和评论来参与本次抽奖活动。

3. 与知名博主合作。知名博主转发抽奖微博，可以吸引更多用户关注本条微博，进而成为粉丝，参与此次活动。

（二）进行抽奖

1. 进行抽奖时，企业根据微博的自动抽奖系统随机抽取若干名粉丝作为此次活动的中奖人。

2. 企业在抽奖的过程中不得作弊，要按照实际的中奖人名单进行操作，不得弄虚作假。

（三）发放优惠券

1. 确定中奖名单后，企业要将优惠券发放给每一个中奖人，并督促中奖人及时领取，避免错过活动日期，导致优惠券作废。

2. 企业应将中奖名单公布在微博上，以示此次抽奖活动的公开、公平、公正，避免粉丝质疑本次活动的公正性，给企业带来负面影响。

3. 优惠券发放之后，企业要及时提醒粉丝消费，以免优惠券过期。

4. 在实际的消费中，企业要按照优惠券的面额进行优惠，不得随意取消已发放的优惠券。

六、营销费用

本次活动的主要费用包括宣传费、礼品费、广告费、策划费及其他相关费用。

4.3.4 跨界营销

近年来，餐饮行业迅猛发展，很多餐饮企业已不再局限于本行业，而是与其他行业联合进行营销宣传，让原本毫不相干的元素相互渗透、相互融合，从而给品牌一种立体感和纵深感。因此，可以进行跨界营销的品牌必然是非竞争性品牌，跨界营销可以实现用户体验上的互补。

餐饮企业进行跨界营销时可以重点关注以下五个合作行业，具体如表 4-7 所示。

表 4-7　餐饮企业进行跨界营销时可重点关注的合作行业

合作行业	合作形式
金融行业	比如与银行进行捆绑合作。现在很多餐饮企业都会选择与银行合作，成为银行的优惠商户，持卡人到优惠餐厅消费，即可享受相应的折扣和优惠，这样既增加了银行的持卡人数，也增加了餐厅的销售额
游戏行业	比如与热门的游戏进行捆绑合作。顾客可以凭游戏中的段位享受餐饮企业的优惠，段位越高，优惠力度越大，这样既增强了游戏的关注度，也提高了餐饮企业的知名度
零售行业	比如与超市进行合作促销。餐厅可借助超市开展优惠活动，如顾客在超市消费满一定的额度之后，在餐厅消费即可享受相应的优惠，以吸引顾客
影视行业	比如与电影院进行捆绑合作。如今看电影、吃饭已成为常见的娱乐方式，餐厅与电影院合作，顾客在餐厅消费满一定的额度之后，餐厅赠送其一张电影券或购买电影票时可用的满减券，这样会不断吸引顾客前来消费
教育行业	比如与书店进行捆绑合作。目前纸质版童书仍是书店的畅销图书品种之一，餐厅与书店合作，在顾客消费满一定的额度之后赠送其图书的满减券或者书店的会员卡，这样可以吸引众多家长前来消费

下面以餐饮企业与银行进行跨界合作为例，展示一份营销方案。

×× 餐饮企业与 A 银行的跨界营销方案

一、营销目的

为了增强企业的知名度与关注度，提高企业的曝光率，提升顾客对企业的认知，特制定本方案。

二、时间与地点

1. 时间：×× 年 ×× 月 ×× 日—×× 年 ×× 月 ×× 日。

2. 地点：×× 餐厅。

三、营销方式

1. 凡持有 A 银行卡的人员来餐厅就餐均可享受价格优惠。

2. 不同等级的银行卡对应不同的优惠，持有普通银行卡的顾客享受 ___ 折优惠，持有 VIP 银行卡的顾客享受 ___ 折优惠。

3. 一桌有一个顾客持有 A 银行卡就可以享受优惠，但仅可使用一次，并且优惠不得叠加。

（续）

四、参与人员

1. 所有持有A银行卡的顾客均可参与本次活动。

2. A银行的工作人员在餐厅消费也可享受一定的优惠。

五、营销流程安排

（一）跨界合作

与A银行商谈捆绑合作事宜，确定银行卡持有人所享有的优惠力度及如何进行宣传推广。

（二）捆绑宣传

1. 通过企业官网、社交媒体、餐厅前的公示牌等宣传此次营销活动，尽可能地让大众熟知此活动。

2. 企业要与A银行相互配合、相互宣传，凡持有A银行卡进店就餐即可享受优惠，不同等级的A银行卡对应不同的优惠政策。

3. 顾客就餐结束后，可以使用A银行卡结算，第一次使用A银行卡结算的，可享受一定的满减优惠。

4. 顾客持有A银行卡在企业旗下的任意一家餐厅就餐时，都享有同样的优惠政策，跨界营销合作结束前，企业不得随意取消此项优惠活动。

（三）改善提升

1. 经过一段时间的营销宣传后，企业要评估餐厅与银行开展跨界营销的效果，主要是判断跨界营销是否达到了预期的效果。

2. 企业应判断是否需要继续进行跨界营销，如果继续进行跨界营销，如何进一步提升跨界营销的效果；如果不进行跨境营销，企业该选择何种方式进行餐饮营销。

4.4 餐饮营销策略

4.4.1 价格营销策略

在餐饮营销过程中，最常见的营销策略之一便是价格营销策略。价格营销策略是指餐饮企业使用各种价格手段使顾客用较少的钱买到比较满意的产品，以此来刺激顾客消费，增加营业额。

1. 价格营销常用手段

在餐饮营销过程中，餐饮企业经常使用的价格营销手段有以下六种，具体内容如表4-8所示。

表 4-8　常用的价格营销手段

价格营销手段	具体内容
价格折扣	餐饮企业会在一定的时期内，推出价格折扣活动，如全场消费打八折等，以吸引顾客消费
优惠券满减	餐饮企业在线上或线下给顾客发放优惠券，顾客在活动期间进店消费满一定的额度之后，即享受优惠，以此吸引顾客前来消费
会员卡	餐饮企业推出会员卡，顾客进行会员卡充值或者办理会员卡即可享受相应的优惠，以此培养餐饮企业的忠实顾客
免费赠送	◆ 餐饮企业向顾客赠送特有的菜品或者新推出的菜品，以吸引顾客的关注，刺激顾客的消费心理 ◆ 餐饮企业还可以赠送菜品的相关辅料，如火锅店可以赠送火锅底料或者火锅蘸料，以此给顾客带来良好的消费体验
组合策略	餐饮企业可以在顾客点餐的时候，在合适的时机向顾客推荐组合菜品，即顾客花费较少的费用即可获得另一道菜品，以此促进餐饮企业销售额的增长。例如，"再付 9.9 元即可获得价值 69.9 元的 ×× 菜品"
特价菜品	餐饮企业可对平时价格较高的菜品偶尔开展一次特价活动，或者定期对某些菜品开展特价活动，以此吸引顾客消费

2. 价格营销实施步骤

不管使用何种手段进行价格营销，餐饮企业都要分析使用该手段是否能够达到预期的效果。因此，餐饮企业在进行价格营销时需要遵循一定的步骤，图 4-3 为运用优惠券满减的手段进行价格营销的实施步骤。

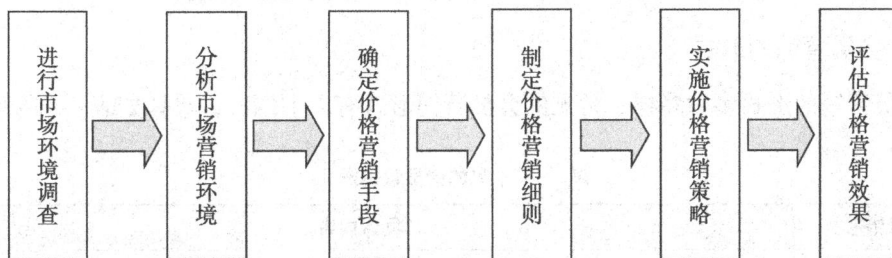

图 4-3　价格营销实施步骤

（1）进行市场环境调查

餐饮企业的市场营销部门要对市场环境进行调查，主要调查餐饮企业的竞争对手使用了哪些价格营销手段，以及营销效果如何，还要调查顾客的消费偏好、消费水平、消费能力及消费心理。

（2）分析市场营销环境

根据市场营销部门的调查，餐饮企业要分析竞争对手都运用什么样的价格营销手段，该价格营销手段是否能够运用到本企业中，是否与本企业的餐饮战略相符，还要分析顾客的消费心理是否与价格营销手段相匹配。

（3）确定价格营销手段

餐饮企业应根据分析结果及本企业的战略目标，确定相应的价格营销手段，如优惠券满减。

（4）制定价格营销细则

价格营销手段确定后，餐饮企业还要制定相应的实施细则，以确保获得最大的利润。实施细则主要包括营销活动的时间、优惠券的面额、不同面额优惠券的数量、优惠券的发放形式及优惠券的使用方式等。

（5）实施价格营销策略

餐厅要根据餐饮企业制定的价格营销手段及相关的细则来实施价格营销策略。餐厅服务人员在营销活动开展期间要注意甄别优惠券的真伪。

（6）评估价格营销效果

价格营销活动结束之后，餐饮企业要评估价格营销效果，判断优惠券满减这一价格营销手段是否促进了销售额的增长，是否给餐饮企业带来了利润，以及给餐饮企业带来了多少利润。

4.4.2 会员营销策略

为了巩固顾客的数量，培养一批忠实的顾客，餐饮企业通常会采取会员营销策略，即将顾客变为餐厅的会员，顾客在下次消费的时候可以享受优惠价格。

1．会员营销的形式

会员营销的形式多种多样，常见的会员营销形式有以下四种，具体如表4-9所示。

表4-9　常见的会员营销形式

会员营销形式	具体内容
办理会员卡	顾客可以办理会员卡成为餐厅的会员，会员卡的形式也是多样的 ◆ 形式一，顾客可在会员卡内储存一定的金额，每次充值一定金额即可获得相应赠送额度，顾客消费完可直接使用会员卡支付 ◆ 形式二，会员卡只是一种证明工具，顾客在结算时要使用另外的支付方式进行支付，然后享受相应的优惠

会员营销形式	具体内容
会员积分	顾客每次消费的金额可换算成相应的数字进行积分，积分也分为多个等级，积分积累到一定程度可晋升到下一等级，不同等级的会员享受不同的优惠政策，以此来吸引顾客消费，增加积分，晋升等级
以老带新	餐厅通过奖励、佣金等吸引老顾客帮忙推广，通过老顾客带新顾客的方式开拓会员身边的市场、挖掘会员身边的流量
会员促活	餐厅可针对老顾客做会员营销，如在特定节日为会员发送祝福短信或者赠送礼品，在会员日常消费后有针对性地提供优惠券，进行会员促活可以唤醒沉睡顾客，提升复购率

2．会员营销实施步骤

餐饮企业使用会员营销策略进行营销时，要选择合适的会员营销形式，因此在进行会员营销时需要遵循一定的步骤。图 4-4 为运用会员积分进行会员营销的步骤。

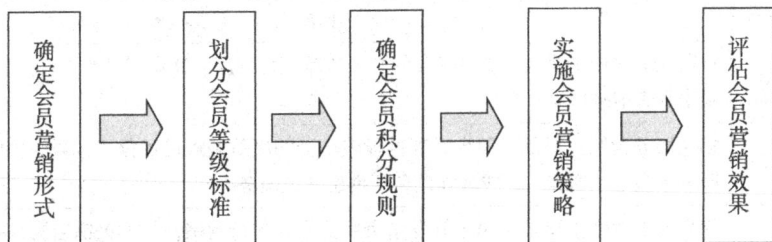

确定会员营销形式　➡　划分会员等级标准　➡　确定会员积分规则　➡　实施会员营销策略　➡　评估会员营销效果

图 4-4　会员营销实施步骤

（1）确定会员营销形式

餐饮企业确定采用会员积分的形式进行会员营销，这不仅可以稳定原有的顾客，还可以通过会员积分不断增长的方式吸引更多新的顾客前来消费。

（2）划分会员等级标准

餐饮企业可将会员划分为不同等级，如 VIP 会员、黄金会员、白金会员、钻石会员，不同等级的会员需要满足不同的条件，才可享受不同的权益。

（3）确定会员积分规则

餐饮企业首先要明确会员积分的获得方式，顾客可以通过餐厅赠送或者消费获得会员积分。其次，餐饮企业要明确会员积分的计算方式，确定不同等级的计分标准、会员积分的有效期、会员积分兑换标准及会员积分的使用规则等。

（4）实施会员营销策略

餐饮企业可根据顾客的消费金额给他们积累相应的会员积分，然后根据会员等级给顾客不同的优惠价格，以吸引更多顾客前来消费。

（5）评估会员营销效果

会员营销活动结束后，餐饮企业要评估会员营销策略是否达到了应有的效果、餐厅的会员数量是否有了质的增长、会员的积分增长速度如何、顾客对餐厅的会员营销策略反响如何。

4.4.3 服务营销策略

服务营销策略是指通过为顾客提供优良的服务来提高顾客的满意度和期待感，吸引顾客再次进行消费的策略。

1. 服务营销的三个阶段

餐饮服务分为售前、售中、售后三个阶段，服务营销也主要针对这三个阶段进行，具体如 4-10 表所示。

表 4-10　服务营销的三个阶段

阶段	具体内容
售前服务营销	售前服务营销主要是对餐厅优良的服务进行宣传推广，让顾客对餐厅有一个基本的印象，吸引顾客前来体验
售中服务营销	售中服务营销主要是对顾客就餐过程中享受的优质服务进行营销，强调餐厅以高水平的服务来满足顾客需求，或者强调餐厅推出特色服务
售后服务营销	售后服务营销主要是对顾客就餐结束后的服务进行营销，如某火锅店为顾客提供的"美甲"服务

2. 服务营销实施步骤

服务营销主要强调"服务"二字，服务归根结底是由人做出的各种行为，因此餐饮企业需要制定各种措施来规范服务人员的行为。在做服务营销时，餐饮企业需要遵循一定的步骤，具体如图 4-5 所示。

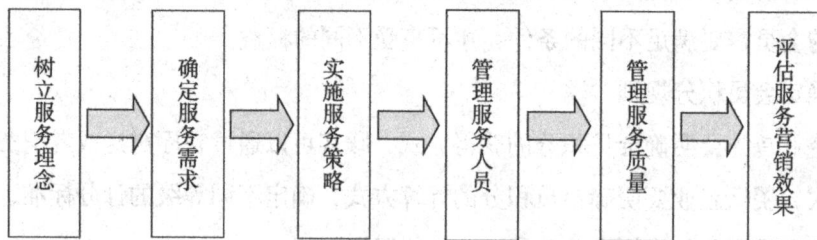

图 4-5　服务营销实施步骤

（1）树立服务理念

餐饮企业从上到下都要树立服务理念、提高服务意识，要迎合顾客的消费习惯，抓住顾客的心理，吸引顾客进店消费，从而提高经济效益。

（2）确定服务需求

餐饮企业要进行市场调查，调查不同年龄段顾客的消费偏好、消费习惯和消费水平，调查顾客的服务需求、用餐需求，并根据顾客的需求，设计出配套的服务。

（3）实施服务策略

餐饮企业要根据不同的对象实施不同的服务，尽量满足顾客的合理需求，提升顾客的就餐体验。

（4）管理服务人员

餐饮企业应将服务的各个流程、工序全部细化成具体的标准，贯彻到服务人员日常的培训和考核中，对服务人员的工作和服务进行人性化的规范。

（5）管理服务质量

服务有优劣之分，要想获得较大的经济效益，餐饮企业就必须严格把控服务质量，提高服务水平，将服务营销效果发挥到极致。

（6）评估服务营销效果

餐饮企业要评估服务营销效果，包括餐饮服务的哪些方面要改进、改进意见有哪些。

4.4.4　品牌营销策略

随着生活水平的提高，大众的消费观念在改变，品牌已成为人们选择产品和服务的重要依据，因此餐饮企业要做好品牌营销。

1. 品牌营销中存在的问题

品牌营销是一项长期且复杂的工作，贯穿于餐饮企业运营的各个阶段，但很多餐饮企业在品牌营销中都面临着诸多问题，具体如表 4-11 所示。

表 4-11　品牌营销中存在的问题

问题	具体描述
品牌定位缺乏独特性	随着越来越多的企业涉足餐饮行业，餐饮市场中的竞争不断加剧，国外特色餐厅的加入，对国内的餐饮行业造成了冲击，且国内的同质化竞争现象严重
品牌识别效果不明显	很多餐饮企业的品牌识别效果不明显，不足以让大多数人知晓，且品牌推广力度不够
品牌传播范围不够大	很多餐饮企业的品牌知名度低，品牌传播范围有限，很多人对品牌历史、品牌故事、品牌理念、品牌口号、品牌目标知之甚少
品牌延伸基础不扎实	餐饮企业品牌延伸的基础不扎实，通常漫无目的地进行品牌延伸，不仅品牌延伸部分无法成功，品牌本身也会受到负面影响

2．品牌营销实施步骤

餐饮企业在实施品牌营销时应强调品牌的差异性，并遵循一定的步骤，具体如图 4-6 所示。

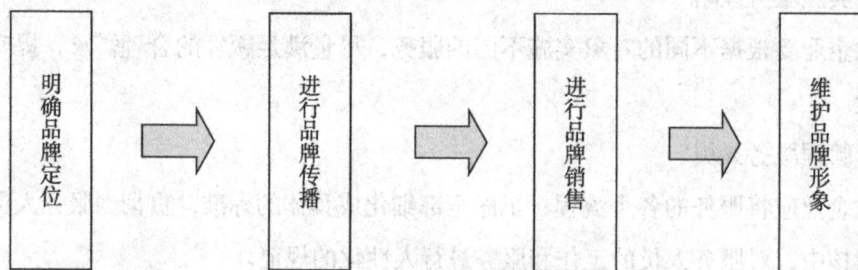

图 4-6　品牌营销实施步骤

（1）明确品牌定位

餐饮企业应整理品牌的优势或卖点，挖掘品牌的内涵，设计品牌形象，明确品牌的市场定位。

（2）进行品牌传播

餐饮企业需要找到与自身品牌相契合的渠道，对品牌进行宣传推广，以达到更好的传播效果。

（3）进行品牌销售

品牌销售的过程即品牌推销的过程，品牌销售方式包括广告宣传、事件营销、人员推销等，餐饮企业要找到适合自身品牌的销售方式。

（4）维护品牌形象

当外部环境的变化给品牌造成影响的时候，餐饮企业要对品牌形象进行维护，以保持品牌的市场地位和价值。

4．4．5　大客户营销策略

长期合作的大客户具有较大的消费潜力，会给餐饮企业带来较高的销售额，因此餐饮企业要注重采取大客户营销策略，与大客户建立长期的战略合作伙伴关系，以创造更大的经济效益。

1．大客户营销手段

餐饮企业在实施大客户营销策略的过程中，要注重细分大客户市场，为大客户提供个性化的服务，以及建立完善的制度来管理大客户。常用的大客户营销手段包括以下六个，具体如表 4-12 所示。

表 4-12 常用的大客户营销手段

营销手段	具体描述
细分大客户市场	为了更好地为大客户服务,满足大客户的需求,餐饮企业需要进一步细分大客户市场,根据不同行业、不同特性、不同层次对大客户进行细分
提供个性化服务	充分了解大客户的需求,建立大客户档案,分析大客户的潜在需求,为大客户提供个性化服务
制定合适的价格机制	建立以市场为导向的、以成本为基础的价格机制,区分大客户的价格敏感度,通过产品和服务的差异化来弱化大客户对价格的敏感性,根据大客户的不同情况,为大客户提供整体业务优惠计划
利用大客户营销渠道	明确餐厅经理的职责和服务范围,加强餐厅经理的培训和考核工作,建立一支高效运作的餐厅经理队伍,并充分利用大客户的渠道力量,推动新业务发展
建立大客户服务制度	完善大客户服务的各项管理制度,设立专人负责大客户服务质量管理工作,建立大客户投诉管理渠道,保证大客户投诉能得到快速处理,提高大客户的满意度和忠诚度
建立战略合作关系	整理现有大客户和潜在大客户的资料,对大客户关系进行分析评价,鉴别不同类型的大客户关系及其特征,评价大客户关系的质量,保持与大客户的长期合作关系

2.大客户营销实施步骤

为了开发新的大客户,并维持原有的大客户,餐饮企业需要实施大客户营销策略,具体实施步骤如图 4-7 所示。

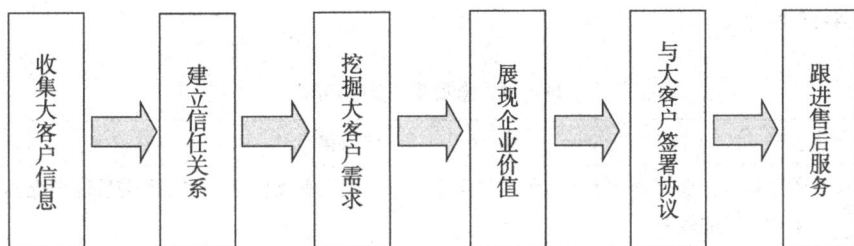

图 4-7 大客户营销实施步骤

（1）收集大客户信息

大客户信息主要通过地方新闻、大客户企业网站查询,也可以通过上门直销、网络查找、客户关系链等途径了解,以便为大客户提供相应的服务。

（2）建立信任关系

餐饮企业应识别大客户,判断并发现销售机会,与关键的大客户建立良好的客户关系,推动销售计划的达成。餐饮企业还应不断提升与大客户的交往级别,为大客户的发展提供支持,建立共同的愿景,定期培养大客户和双方的合作关系。

（3）挖掘大客户需求

餐饮企业应通过建立关系,明确大客户的需求,帮助大客户发现问题并提出解决方案，引导大客户进行消费。

（4）展现企业价值

餐饮企业应明确产品优势，将自身的价值呈现给大客户，注意服务的关系和细节，了解竞争对手，提供比竞争对手更好的产品和服务。

（5）与大客户签署协议

餐饮企业应识别大客户的购买信号，积极推动销售，促成交易的完成，与大客户签署协议。

（6）跟进售后服务

签订合同之后，餐饮企业还要对大客户进行售后服务，确保大客户满意，然后利用大客户进行转介绍销售，进一步增加销售额。

4.4.6 全员营销策略

为了更好地进行营销，提升经济效益，餐饮企业需要调动全体员工的积极性，让人人都参与营销。

1. 全员营销策略的具体内容

全员营销需要餐饮企业的全部人员都参与营销活动，不同岗位的工作内容有所不同，具体如表4-13所示。

表4-13　全员营销策略内容

岗位	工作内容
餐厅经理	餐厅经理主要审核营销部门的餐饮营销方案，确定餐饮营销方案是否与餐厅情况相符，是否能达到预期效果
厨师	厨师不仅要提升厨艺，还要利用厨艺来进行花式营销。例如，在向顾客展示菜品制作环节时，通过花式手艺吸引顾客前来品尝
迎宾人员	迎宾人员主要向餐厅门前来往的顾客进行宣传推广，向顾客介绍餐厅的特色和优惠活动
服务人员	服务人员主要向顾客进行营销推广，介绍餐厅的特色菜品、会员活动、营销活动，以吸引顾客关注
收银人员	收银人员可在收银处放置餐饮相关的周边产品，在顾客结账的时候，赠送顾客礼物，吸引顾客

2. 全员营销实施步骤

为了推动全员营销的开展，促使人人都参与餐饮营销，餐饮企业需要制定全员营销的实施步骤，以规范餐饮工作人员的行为，指导餐饮工作人员的工作。全员营销实施步骤如图4-8所示。

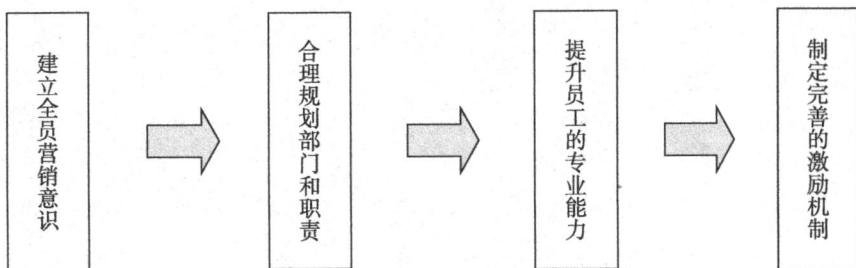

图 4-8　全员营销实施步骤

（1）建立全员营销意识

餐饮企业要在内部形成全员营销意识，把所有员工都纳入营销体系，建立内部员工良性流动机制，鼓励员工实现岗位流动，从而把最合适的人放在最适合的岗位上，充分发挥员工的优势。

（2）合理规划部门和职责

餐饮企业要在组织构架划分上，将营销部门与售后服务部门紧密联系在一起，使其统一接受营销总监领导，最大限度地提高相关部门的营销积极性，提升营销部门对市场的把握程度，为市场营销提供更有效的方案。

（3）提升员工的专业能力

员工首先要掌握所有的菜品信息，包括原材料、口感、价格、优惠活动等；其次要掌握行业政策、发展动态、行业趋势等信息，以提升自己的专业程度，提高自身素质和能力。

（4）制定完善的激励机制

餐饮企业要制定合适、高效的激励机制，鼓励更多的人参与营销活动。

第5章
食材采购与储存

5.1 供应商管理

5.1.1 供应商开发流程

供应商开发是餐饮企业采购工作的重要内容。餐饮企业通过寻找新的供应商，能建立满足自身需求的供应商队伍。供应商开发工作的质量决定着供应商能否适时、保质、保量地为餐饮企业供应食材，保证餐饮企业的顺利经营。

供应商开发流程如图 5-1 所示。

部门名称		采购部	流程名称	供应商开发流程	
关键节点	采购经理	供应商管理主管		采购主管	供应商
	A	B		C	D

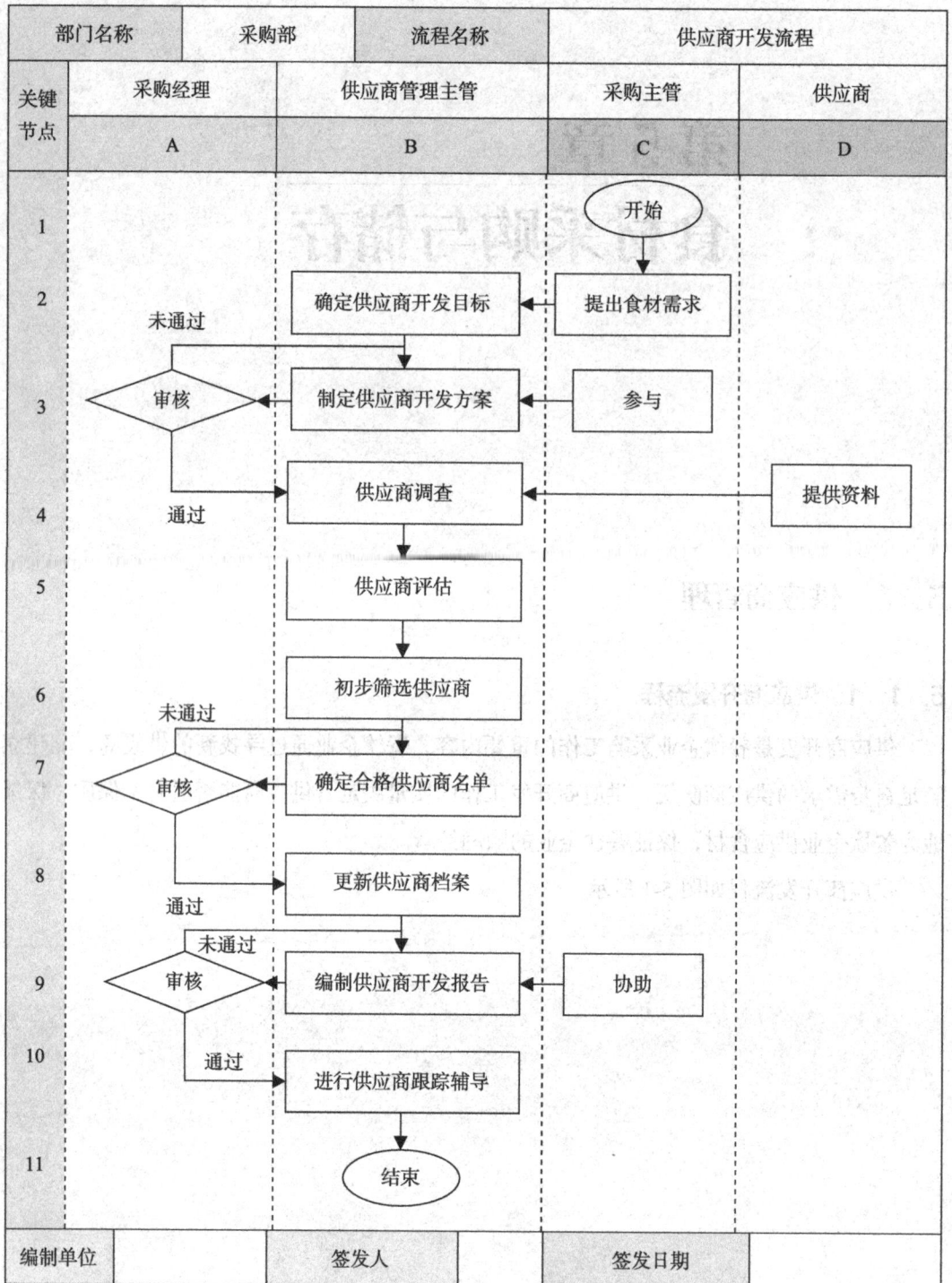

图 5-1　供应商开发流程

根据图 5-1，供应商开发流程执行关键节点如表 5-1 所示。

表 5-1 供应商开发流程执行关键节点

关键节点	细化执行
B3	供应商开发方案要具有可操作性，以便于后续实施与操作
	供应商开发方案必须立足实际，能起到指导作用
B4	根据各部门相关人员提交的所需食材清单，按食材等级、食材成本、食材性质等分类，编制采购清单
B5	进行市场调查，寻找三家以上有代表性的供应商，进行综合考察
	重点了解供应商的实力、专业化程度、食材来源、价格、质量及目前的供货状况
B6	对于同类食材，可寻找两家供应商同时供货，重点从质量、价格、服务三个方面进行比较，以便择优选取
B7	在初步筛选出来的供应商中，通过样品和食材评定等级、比价、议价等确定合格供应商名单

5．1．2 供应商评价指标

餐饮企业对供应商的评价可通过制定合理的评价指标和标准来实现。采购人员应对评价指标进行详细的划分，突出重点指标，构建供应商评价指标体系。根据相关要求，餐饮企业在对供应商进行评价时可选用以下指标，具体如表 5-2 所示。

表 5-2 供应商评价指标

评价项目		分值	评价人员			得分
			餐厅主管	财务部收货人	行政部收货人	小计
			得分	得分	得分	
交货控制	总体供应期系统、连贯、完整	5				
	每次送货及时性	10				
	原材料配送准确性	10				
	调换货品配合性	5				
质量控制	所供食材的整体质量（新鲜度，有无变质、腐烂，保质期）	10				
	供应商质量保证体系	10				
	质量控制情况	10				
现场管理	现场规范文明操作管理	10				
	送货现场的清洁整理	10				
	送货车辆卫生	10				
对餐饮企业的配合程度		10				

5.1.3 供应商管理制度

餐饮企业制定供应商管理制度的目的是，建立与供应商的长期信任关系，保证食材质量，降低成本，提高利润。以下为某餐饮企业制定的供应商管理制度，仅供参考。

供应商管理制度

第1章　总则

第1条　目的

1. 规范本企业食材供应商管理工作，确保通过评估、筛选寻找到最佳的供应商。
2. 保证供应商提供的食材满足本企业的要求。
3. 促使本企业菜品质量稳定提高，降低本企业的采购成本。

第2条　适用范围

本制度适用于对向本企业供应食材的所有供应商的管理。

第3条　职责分工

1. 采购经理负责监督供应商选择与日常管理，审核确认的合格供应商，并对供应商进行考核。
2. 供应商主管负责供应商资料收集、供应商评审和确认等执行工作。
3. 质量管理部负责检验供应商提供的样品，对供应商进行现场评审。
4. 企业总经理负责对相关部门选择的供应商进行审批。

第2章　供应商选择

第4条　供应商选择标准

1. 具有独立的法人资格，能够提供有效营业执照、特殊食材相关生产资质、质量及环境认证体系证书等。
2. 遵纪守法，经营状况良好，能够提供近三年的销售业绩表和财务报表。
3. 生产规模化，具有与餐饮企业项目相匹配的厂房、生产工人、技术研发人员、质量管理、生产设备，具备较强的生产、加工能力。
4. 具备较强的设计和研发能力，工艺先进，品质稳定，有突出的产品创新意识，具备相当数量和规模的关键生产设备、检测设备、检测手段等。
5. 能接受餐饮企业规定的商务合作模式，提供性价比高的产品和优质的服务，接受灵活的付款条件、合理的交货时间。
6. 具备提供优质的售前、售中和售后服务的能力，能快速反应并解决问题。

第5条　供应商确认

1. 在供应商初评、现场评审通过，并且样品检验合格的情况下，供应商主管应将供应商列入合格供应商名单，交采购经理审核、采购总监审批。
2. 原则上一种食材应有两家或两家以上的合格供应商，以供采购时选择。
3. 对于唯一供应商或独占市场的供应商，可直接将其列入合格供应商名单。
4. 如果客户提供供应商名单，采购部必须按客户提供的供应商名单进行采购。客户提供的供应商名单直接列入合格供应商名单，如需从非客户要求的供应商处采购，必须事先得到客户相关部门的书面批准。
5. 根据供应商考核结果，对供应商名单进行修改，删除不合格供应商，并将修订后的合格供应商名单交由采购经理审核、采购总监审批。

第3章　供应商日常管理

第6条　供应商监督与检查

1. 企业可派遣专职驻厂员到重要食材供应商处。
2. 企业应定期或不定期地对供应食材进行质量检测或现场检查。

（续）

第 7 条　指导与培训

采购、质检部门可针对特定食材，对供应商进行业务指导和培训，但应注意企业产品核心技术或关键经营内容不扩散、不泄密。

第 8 条　绩效考核与评价

1. 供应商主管定期对供应商进行月度绩效考核与年度评价，并对供应商进行评级与分类。

2. 供应商主管应定期发布考核结果，并根据供应商的反馈不断改善绩效考核规则。

3. 供应商主管根据考核结果，不断监督与协助供应商进行绩效改进。

第 4 章　供应商档案管理

第 9 条　建立供应商档案

为了便于管理，必须对所有供应商建立档案，采购部应安排专人管理供应商档案。供应商档案主要包括供应商调查表、供应商产品价格登记表、供应商企业资料、供应商采购合同、供应商洽谈登记表等。

第 10 条　收集供应商资料

1. 企业供应商签订采购合同后，一般应在三个月内，要求采购专员对该供应商的资料进行收集整理。

2. 因故不能按期收集整理的，应由责任人做出书面说明，采购主管定期催办。

3. 收集整理的资料应包括涉及该供应商的全部文件材料和记录。采购现场监控系统录制的音像资料也应作为辅助资料保存。

4. 收集整理的供应商资料不符合要求的，责任人应尽快补齐相应资料，保证资料的完整、真实、有效。

第 11 条　变更供应商档案

供应商经营状况发生重大变化或发生重大合同纠纷或诉讼、信用等级和资质变化等可能影响履约能力的重大事项，采购专员应及时要求其向采购部提供书面报告，并及时更新供应商档案。

第 12 条　查阅供应商档案

相关人员在调阅供应商档案时，应先向采购部经理提出申请，申请批准后，方可查阅，查阅完之后要及时归还。

第 5 章　附则

第 13 条　编制单位

本制度由采购部负责编制、解释与修订。

第 14 条　生效时间

本制度自 × × 年 × × 月 × × 日起生效。

餐饮企业采购供应商管理流程，扫描下方二维码即可查看。

5.1.4　供应商考核方案

定期对供应商进行考核，有助于供应商改进服务质量。下面是某餐饮企业制定的供应商考核方案，仅供参考。

<h1 style="text-align:center">供应商考核方案</h1>

一、目的

为了保证本企业与供应商有效合作，鼓励供应商在品质、交货期、价格、优惠条件等多方面进行改善，提高食材采购质量，降低采购成本，特制定本方案。

二、考核对象

凡列入本企业"合格供应商名单"的所有供应商均为本企业的考核对象。

三、考核项目

采购部应定期或不定期对合格供应商就价格、食材质量、交货情况、服务情况、管理情况等项目做出评价。

四、考核频率

1. 采购专员应负责对关键、重要食材的供应商每月考核一次，对普通食材的供应商每季度考核一次。

2. 采购专员负责对所有供应商每半年进行一次总评，列出各个供应商的评价等级，依照规定进行奖惩。

3. 采购主管负责每年对合格供应商进行一次复查，复查流程和供应商调查流程相同。

4. 如果供应商出现重大品质、交货日期、价格、服务等方面的问题，那么采购主管可以随时对供应商展开考核。

五、考核方法

依据事先制定的标准对供应商情况进行绩效考核，考核总分为 100 分。

六、考核标准

供应商考核标准如下表所示。

供应商考核标准

考核内容	权重	指标	指标计算方法或说明	得分
价格	30%	平均价格比（15%）	$\dfrac{供应商供货价格-市场平均价格}{市场平均价格} \times 100\%$	
		最低价格比（15%）	$\dfrac{供应商供货价格-市场最低价格}{市场最低价格} \times 100\%$	
食材质量	30%	质量合格率（15%）	$\dfrac{合格件数}{抽样件数} \times 100\%$	
		退货率（15%）	$\dfrac{退货次数}{总交货次数} \times 100\%$	

（续）

（续表）

考核内容	权重	指标	指标计算方法或说明	得分
交货情况	20%	交货准时率（10%）	$\frac{准时交货次数}{总交货次数} \times 100\%$	
		按时交货量（10%）	$\frac{期内实际交货量}{期内应交货总量} \times 100\%$	
服务情况	10%	配合度（5%）	出现问题时配合解决的速度	
		信用度（5%）	$\frac{期内守信次数}{期内合作总次数} \times 100\%$	
管理情况	10%		管理制度是否完善，质量手册是否完整、全面	

七、考核结果处理

1. 采购专员以书面形式将考核结果告知供应商。供应商考核评分及相应级别的处理方法如下。

（1）A级，90分及以上，酌情增加采购量，优先采购，特殊情况下可办理免检，货款优先支付。

（2）B级，80~89分，要求供应商对不足的部分进行整改，并将结果以书面形式提交，对供应商的采购策略维持不变。

（3）C级，70~79分，减少在供应商处的采购量，并要求供应商对不足部分进行整改，将整改结果以书面形式提交，采购部对供应商的整改措施和结果进行确认后决定是否继续正常采购。

（4）D级，69分及以下，将供应商从"合格供应商名单"中删除，终止双方的采购供应关系。

2. 对评价考核为B级和C级的供应商进行必要的辅导，D级供应商如果想重新向本企业供货，应重新按照新供应商选择的流程接受调查、评审或者参加本企业的招标活动。

5.2 食材采购管理

5.2.1 食材采购方式

餐饮企业的食材采购方式有以下五种，不同的采购方式具有不同的优缺点，餐饮企业应根据自身实际情况，选择合适的采购方式，具体如表 5-3 所示。

表 5-3　食材采购方式

采购方式	概述	优点	缺点
供应商长期合作采购	餐饮企业和供应商签订了一定期限的供应合同	供应商的直接供给可以提高采购效率、降低人力成本和购买成本	需要投入大量的时间和精力进行供应商评估
餐饮企业统一采购	餐饮企业将内部的采购需求集中，一次性进行采购，再分别发放给各部门	集中化、批量化采购可提高供应商的积极性并相对降低采购价格	收集采购数据时间长，影响供应周期，到货后若不能及时利用，将增加仓储成本
招标采购	餐饮企业作为招标方，提出条件和要求，众多供应商投标，餐饮企业择优选择供应商	价格合理，优中选优，保证食材质量，降低食材价格	程序和手续较为复杂，耗费时间
原料基地采购	生产者直接向餐饮企业提供食材	直接从原料基地采购，减少中间环节，提高效率，降低成本	一般原料基地的品种比较单一，小型餐饮企业的需求量达不到原料基地的最低配送量要求
线上采购	餐饮企业通过网络平台选择合适供应商，进行下单采购	为采购人员提供便利，减少采购时间，价格相对较低	食材存在质量风险，相关管理制度不明确

5.2.2　食材采购流程

餐饮企业应制定规范化的采购流程，保证采购工作有条不紊地进行。采购流程一般包括与供应商谈判、签订采购合同、验收物资等内容。图 5-2 为食材采购流程，仅供参考。

部门名称		采购部		流程名称		食材采购流程	
关键节点	总经办		采购经理		采购主管		供应商
	A		B		C		D

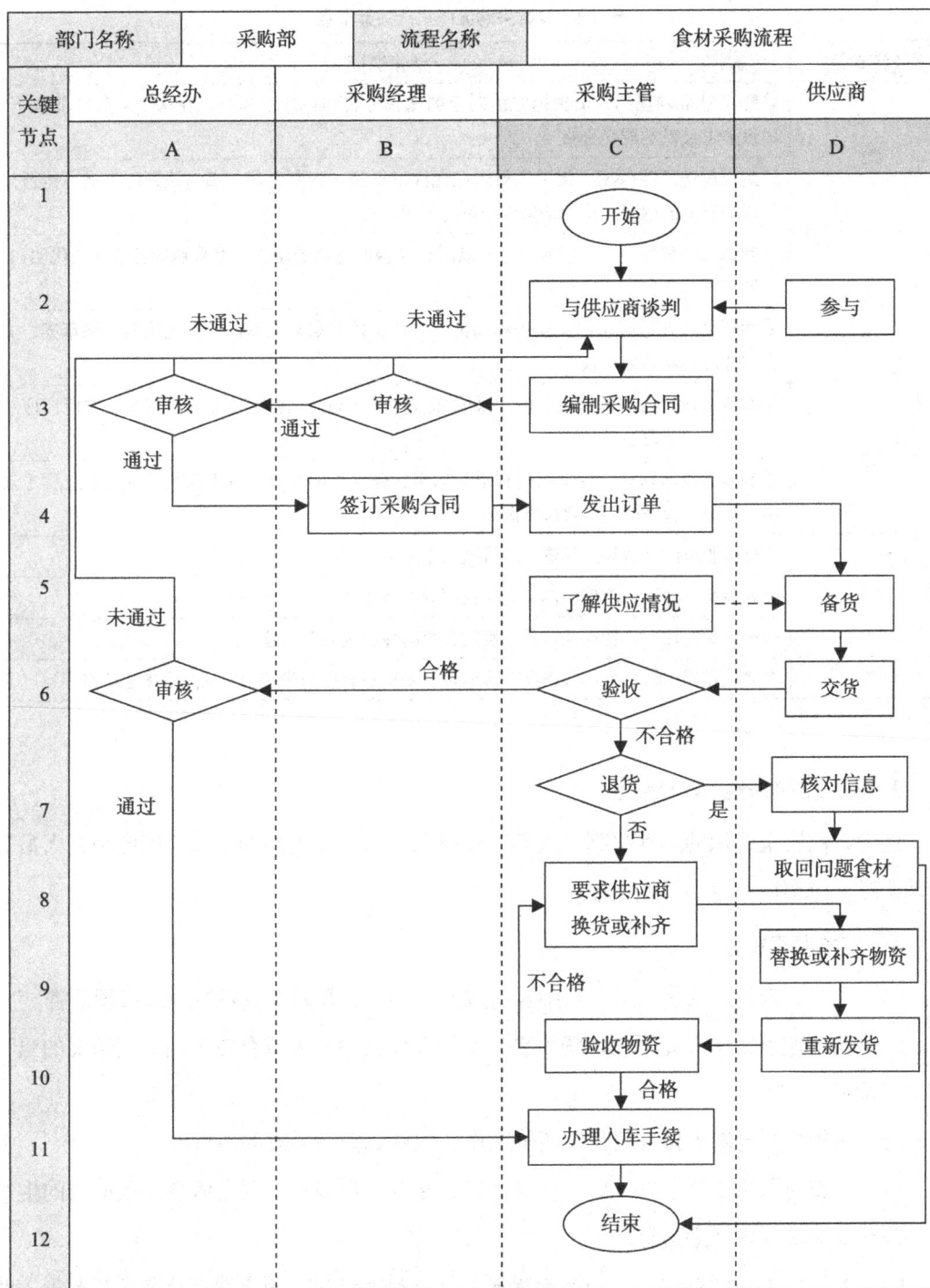

图 5-2　食材采购流程

根据图 5-2，食材采购流程执行关键节点如表 5-4 所示。

表 5-4　食材采购流程执行关键节点

关键节点	细化执行
C2	采购主管带领谈判人员根据之前制定的谈判方案与供应商谈判，在保证双赢的前提下，尽量追求最低的成交价格
	谈判过程应严格保密，无关人员未经允许不得进入谈判会场，参与谈判的人员不得泄露与谈判有关的内容，谈判结果未经审定不得公布
C3	谈判达成一致意见后，采购主管应及时根据谈判达成的条件，将采购的各事项交代明白，以便于执行
	采购部必须在进行供应商调查和询价、比价、采购谈判的基础上拟定采购合同草案，并交财务部、总经办审核
C5	采购双方应严格履行采购合同，采购部应按照合同约定向供应商发出订单，供应商应根据订单要求及时备货
	采购双方均应对合同的执行过程进行监督，确保按时交货，双方在履行合同的过程中若出现纠纷，应及时制定解决方案
C6	食材验收可以从数量、外观、质量这三个方面进行
	做好装卸、搬运、防护、调节仓库温度等准备工作
	根据到货的性质、特点及数量，确定食材的存放地点及保管方式
C7	在验收过程中，若有不合格品需要退货，采购主管应与供应商协商，力求达成共识

5.2.3　食材采购作业标准

随着人们安全意识的逐渐提高，人们对食材标准提出了更高的要求，因此采购人员进行采购时，应遵循一定的作业标准。

1．市场调查标准

（1）由采购人员、收货人员、厨师长组成调查小组，每月至少进行两次市场调查。

（2）调查地点以供应商所在市场为准。不能选择在雨雪天或存在极端天气情况的当日或次日调查。

（3）询价后要与对方做好议价、还价工作，切忌只记录卖方的一口价。

（4）调查时可采用望、闻、问、摸等手段，必要时可采样。要了解食品及原料的生产地、规格及保质期等详细信息。

（5）调查后需做调查记录，如记录调查人员、调查时间、调查地点及调查情况等，然后将其交给采购部。

2．采购定价标准

（1）零星食材的采购价格不得高于市场零售价的 6%。

（2）干货、调料、粮油等的采购价格不得超过市场批发价的 5%。

（3）鱼类、肉类、鲜活产品等的采购价格不得超过市场批发价的 4%。

（4）蔬菜平均价格在 1 元以下的，其采购价格不得高于市场批发价的 15%；蔬菜平均价格在 1 元以上的，不得高于市场批发价的 10%。

（5）春节、国庆等节假日期间及灾害性天气持续较长的月份，由于供货价格波动太大，定价范围可以适当放宽。

3．申购程序标准

（1）食品仓仓管人员签发市场单（一式三联，必须填写库存量和所需订购数量），然后送交厨师长。

（2）厨师长检查订购数量，必要时做删减或增补，采购部据此确定最合理的价格并填在市场单上。

（3）市场单一联送到收货组，以确认所购食品，当收到所购食品后，食品组验货员将相关单据一起送到财务部。

4．采购数量的确定标准

为了降低采购成本，减少资金占用，采购部应根据勤进快销、按单采购的原则来确定采购数量。

（1）鲜货、蔬菜、水产品的采购数量

此类食材要每天采购，一般要求供应商送货。用上述食材的部门于每日营业结束前，根据存货、营业情况、储存条件及送货时间，提出次日的采购数量。

（2）库存食材（干货、酒水、调料、粮油等）的采购数量

此类食材的采购数量应综合考虑经济批量、采购周期、资金周转及储存条件等因素，根据最低库存量和最高库存量而定。最高库存量不得高于 15 天的用量，最低库存量不得低于 1 天的用量。

库存量上下限的计算方法：最低库存量等于每日所需量乘以发货天数，最高库存量等于每日所需量乘以 15 天。

5．食材购买标准

采购主管根据各部门上报的数量及库存情况，按照上述各项标准，确定采购价格与数量；根据供应商选择标准，选择合适供应商，制订采购计划，交采购部经理审核、总经办审批通过后，由采购人员实施采购。

5．2．4　食材采购实施细则

食材的质量对餐饮企业来说是重关重要的。对食材采购的实施过程进行管理，可以加

强对采购流程执行关键点的控制，保证食材质量。下面是食材采购实施细则，仅供参考。

食材采购实施细则
第1条　为了规范本企业的食材采购工作，确保采购的食材安全、卫生，符合企业标准，特制定本细则。
第2条　本制度适用于本企业所有餐厅的食材采购管理工作。
第3条　食材采购人员必须熟悉本企业所用的各种食材的品种及相关的卫生标准、卫生管理办法和其他法律法规要求，掌握必要的食材感官检查方法。
第4条　食材采购人员采购食材时应遵循"用多少定多少"的原则，采购的食材必须色、香、味、形正常，采购肉类、水产品时要注意其新鲜度。
第5条　食材采购人员采购酒类、罐头、饮料、乳制品、调味品等食材时，应向供应商索取本批次的检验合格证或检验单。
第6条　采购的用于清洗食材的用品，如洗涤剂、消毒剂等，必须符合相关的国家卫生标准。
第7条　采购的食材容器、包装材料和食材用工具、设备等，必须符合相关的国家卫生标准和卫生管理办法的规定，且有检验合格证。
第8条　食材采购人员禁止采购的食材品种主要包括下列12类。
1. 无证食材商贩销售的食材或来路不明的食材。
2. 腐败变质、油脂酸败、霉变、生虫、污秽不洁、混有异物及其他不符合卫生标准要求，如病死、毒死、死因不明、有异味的禽、畜、兽、水产动物及其制品等。
3. 含有毒、有害物质或者被有毒、有害物质污染，可能对人体健康有害的食材。
4. 含有致病性寄生虫、微生物的食材，或者微生物毒素含量超过国家限定标准的食材。
5. 未经兽医进行卫生检验或者卫生检验不合格的肉类及其制品。
6. 容器包装污秽不洁、严重破损或者运输工具不洁造成污染的食材。
7. 掺假、掺杂、伪造，影响营养、卫生的食材。
8. 用非食品原料加工的，加入非食品用化学物质的或者将非食材当作食材的。
9. 超过保质期的食材。
10. 国务院卫生行政部门或省、自治区、直辖市人民政府专门规定禁止出售的食材。
11. 含有未经国务院卫生行政部门批准使用的添加剂的食材或者农药残留超过国家规定容许量的食材。
12. 其他不符合食材卫生标准和卫生要求的食材。
第9条　食材采购人员在采购过程中需向供应商索取发票等购货凭据，并做好采购记录，便于溯源。
第10条　食材采购人员在向食材生产单位、批发市场等批量采购食材时，还应索取食材卫生许可证、检验（检疫）合格证明等，特别是熟肉制品、豆制品、凉拌菜等直接入口的食材。
第11条　蔬菜等散装农副食材及鱼类等鲜活产品应保证由正规渠道进货，最好是定点采购，确保无农药及其他有毒有害化学品污染，食材采购人员应检查或索取检验合格证明。
第12条　采购定型包装食材和食材添加剂，食材商标（或说明书）上应有品名、厂名、厂址、生产日期、批号或者代号、规格、配方或者主要成分、保存期（保质期）、食用或者使用方法等中文标识内容。
第13条　采购进口食材，食材添加剂、食材容器、包装材料和食材用工具及设备，必须符合相应的国家卫生标准和卫生管理办法的规定，有口岸进口食材卫生监督检验机构出具的检验合格证明，外文包装上须有中文标识。
第14条　运输食材的工具如车辆和容器应专用并保持清洁，严禁将食材与非食材混装、混运。运输冷冻食材时应当有必要的保温设备，运输过程中应做好防雨、防尘、防蝇、防晒及防范其他污染工作。
第15条　采购食材入库前应进行验收，出入库时应登记，做好记录，建立出入库台账。
第16条　本细则由采购部负责编制、解释与修订。
第17条　本细则自××年××月××日起生效。

5.3　食材验收管理

5.3.1　食材验收作业管理要点

当供应商交货时，企业应组织相关人员验收。验收人员应注意以下要点，以把控食材质量，保证验收工作的顺利进行。

1.根据送货发票检查进货

发票是付款的主要凭证，采购的食材数量、价格能在发票上反映出来，故验收人员应根据发票来核实各种食材的数量和价格。

（1）对照随货交送的发票，检查食材的实际数量与订单数量是否相符。

（2）凡是以个数计量的食材，必须逐一点数，记录实收箱数、袋数或个数。

（3）以重量计量的食材，必须逐件过磅，记录净料；水产食材沥水去冰后称量计数，对注水掺假食材应拒收。

（4）检查送货发票上的食材价格是否与采购定价一致，单价与金额是否相符。

（5）如果发票未随货同到，可开具餐厅印制的备忘清单，注明收到食材的数量等，在正式发票送到以前以此单据记账。

2.检查进货订购单凭证

订购单上规定了品种、规格及质量要求，验收人员可据此核实送验货物，并对食材及时进行其他方面的检验，不符合要求则拒收。

（1）对照食材规格书进行检验，规格未达标的食材不予签收。

（2）对肉类食材，查验卫生检疫证，未经检疫或检疫不合格的食材拒绝签收。

（3）未办理订货手续的食材不予签收。

（4）对已化冻变软的冰冻食材不予签收。

（5）对食材质量有质疑的，需报请厨师长等仔细检查，确保购买的食材至少符合食材规格书的最低质量标准。

3.验收并签收货物

（1）核验食材的数量，不能出现漏查和多查现象，严格进行质量控制，对不合格食材予以退回。

（2）对合格的食材受理入库，根据食材种类和性质进行分类，并根据不同的储藏条件予以储存。

（3）食材验收连续两次不合格，则通知供货商限期改正，如第三次仍不合格，则通知供货商停止供货。

（4）食材验收后，验收人员要填写入库单或食材验收单，注明所收食材的数量、单价、金额，以备核查和管理。

4．办理交接手续

食材验收后，采购人员、货物领用部门负责人、库管专员应在入库单或验收单上签字。入库单或验收单一式四联，第一联由库管专员留存，第二联交财务部作为记账凭证，第三联交供货商作为结账凭证，第四联交总经理。

5．3．2　食材验收标准

食材采购人员在进行食材验收时，应严格按照各类食材的验收标准进行，保证食材采购质量，具体的食材验收标准如下。

（1）家禽类：具有检疫报告，个体均匀、肉色正常、无病变、无破皮、无油斑、表皮光滑、无汁水。

（2）海鲜类：具有检疫报告，能活动、无伤残、无畸形、无病害。

（3）蔬菜类：有农药残留检测报告，无病虫害、无腐烂、无压伤、无其他污染。

（4）定型包装食品：生产经营单位的卫生许可证在有效期限和许可范围内，检验合格证明或化验单为该批次产品的检验结果；包装上按规定标明品名、产地、厂名、生产日期、批号或者代号、规格、配方或者主要成分、保质期、食用或使用方法等；食品添加剂有省级卫生行政部门的卫生许可证，包装上标有"食品添加剂"字样。

（5）散装食品：加工单位的卫生许可证有效，标签上按规定标明食品名称、配料表、生产者和地址、生产日期、保质期、保存条件、食用方法等。

（6）农副产品等非定型包装食品及原料：供货合同规范无误，产品无腐烂变质、霉变、生虫、不洁、混有异物或感观性状异常。

5．3．3　食材退换货管理

采购部应对验收时质量检验判定为不合格的食材进行妥善处理，在维护餐饮企业合法利益及维护与供应商之间良好合作关系的基础上，通过退货与换货的手段，尽量减少餐饮企业的损失。食材退换货管理的步骤如下。

1．做退换货食材标识

质量检验人员在确定不合格品后，应在食材上做"不合格"标识。

2．退换货食材存储

仓储部根据"不合格"标识将食材放到指定位置，将其与其他食材分开存储。

3．确定退换货数量

对于批量不合格的食材需要进行全部退换，以保证食材质量统一。经审批通过，特采或全检的食材可不进行全部退换。

4．退换货实施

（1）质量检验人员对退货食材做红色的"退/换货"标识，并开立不合格物资退货单，提交上级主管审批。

（2）不合格物资退货单应由质量管理部、物资请购部门及采购部的主管共同签字确认。

（3）采购人员收集并整理退货食材的检验报告单、不合格物资退货单、采购合同及采购订单等相关单据，与供应商联系，协商退货事宜。

（4）采购人员与供应商协商一致后，应按照协商结果及时通知仓储部做好退换货准备。如供应商不按照合同约定履行退换货手续，采购人员应及时上报采购经理，由采购经理出面进行调解，如供应商仍拒不履行相应义务，则提交当地仲裁机构进行裁决。

采购不合格品管理流程，扫描下方二维码即可查看。

5.4　食材储存管理

5.4.1　食材储存方式

对于验收合格的食材，采购人员应通知仓储部进行入库。仓储部应对不同类型的食材采取不同的储存方式。一般来说，餐饮企业食材的储存方式分为干库储存、冷藏储存和冷冻储存，具体内容如下。

1．干库储存

（1）干库主要用来储存不需要保鲜的干货类食材。

（2）对干库应定期进行清洁、消毒，预防和杜绝虫害与鼠害。

（3）干库的温度控制在 16℃~21℃，湿度控制在 50%~60%。

（4）固定每一种食材的存放位置，任何食材的储存应至少离地面 25 厘米，离墙壁 5

厘米。

（5）对于入库食材，须在包装上注明进货日期，以利于按照"先进先出"的原则进行发放，使在库原料的质量得到保证。

（6）塑料桶或罐装食材应带盖密封，箱装或袋装食材应放在带有轮的轮板上，用玻璃装的食材应该避免阳光直射。

（7）干库应安装性能良好的温度计和湿度计，以随时检查仓库的温度与湿度是否合适。

（8）控制进入仓库的人数，降低人员进出对储存环境的影响。

2．冷藏储存

（1）冷藏前，仔细检查每一种食材，已变质或肮脏的食材不得入库。

（2）需要冷藏的食材应尽快入库。

（3）冷藏设备的底部及靠近冷却管的地方温度最低，这些地方应放置乳制品、肉类等易变质的食材。

（4）容易腐坏变质的食材用冷藏设备储存，有些水果（如香蕉、菠萝、木瓜等）和蔬菜（如土豆、西红柿、南瓜、洋葱等）不需要冷藏，储存温度可以为16℃~21℃。

（5）对于肉类食材，冷藏前应拆除其原始包装，避免包装带有的泥垢和致病细菌影响食材的质量和保质期。

（6）经过加工后的食品（如奶油、乳酪等），应连同包装一起冷藏，以免发生食品干缩、变色的现象。

（7）已经加工的食品和剩余食材应密封冷藏，以免受冷干缩和沾染其他食材的气味，并防止水滴与其他杂物进入。

（8）有特殊气味的食材应该密封在专用容器内冷藏，防止影响其他食材。

（9）冷藏温热的食材时应该选用底浅、面积大的容器，避免使用底深、口小的桶装容器，这样做的目的在于加快散热速度，一般先冷却，再冷藏。

（10）重视冷藏室、冷藏箱的卫生环境，定期进行清洁。

3．冷冻储存

（1）所有冷冻食材必须注明入库日期及价格。

（2）经常挪动仓储食材，避免仓储太久导致冷冻食材变质，造成损耗。

（3）确保冷冻食材在入库前处于冷冻状态，避免已经解冻的冷冻食材进入冷库。

（4）切忌将食材放在地面上或紧靠墙壁摆放，以免妨碍冷库内的冷空气循环，使储存质量受到影响。

（5）冷冻食材时，温度一般在零下 18℃以下，以延长食材储存期，保证食材质量。

（6）冷冻储存的食材，尤其是肉类，应该用抗挥发性的材料包装，以免食材丧失水分过多而被冻伤，导致质量和色泽发生变化。

（7）冷冻食材一经解冻，不得再次冷冻储存，否则食材内复苏的微生物会引起食材的腐烂变质，而且再次冷冻会破坏食材的组织结构，影响其外观、营养成分等。

冷冻食材储存规范，扫描下方二维码即可查看。

5.4.2　食材出入库管理办法

要做好食材出入库管理工作，餐饮企业必须加强对食材的有效监控和精准统计，以提高食材的利用效率，减少食材的不合理损耗。因此，餐饮企业应根据自身实际情况，制定相应规范，对食材出入库工作进行管理。下面是食材出入库管理办法，仅供参考。

食材出入库管理办法
第 1 章　总则
第 1 条　为了规范食材出入库管理工作，保证食材可以有序入库、合理储存、准确及时出库，特制定本办法。
第 2 条　本办法适用于本企业所有食材的出入库管理。
第 2 章　食材入库准备
第 3 条　食材入库前，仓库管理人员应协助验收人员进行验收，对所购食材进行检查，对不符合食品卫生规定的，不予入库。
第 4 条　食材入库前要认真检查包装上是否有生产日期、保质期、储存方法等。对于不洁、发霉、变质、腐烂的食材，不准入库，并向主管领导汇报。
第 5 条　提前了解到货食材的种类和性质，合理安排存放区域。
第 6 条　对购入食材的手续要逐项检查，核对无误方可入库。
第 3 章　食材入库管理
第 7 条　食材入库后，分类存放，主粮食物不得靠墙或直接放在地面上，以免受潮、发霉、变质，要做到勤购、勤卖，避免存放时间过长，降低食材质量。
第 8 条　食材在仓库存放期间，要经常倒仓检查。发现变质等情况，应立即报告领导，以做出及时处理。
第 9 条　仓库内要保持干净整洁、空气流通，注意防潮、防火、防虫蛀，严禁吸烟。
第 10 条　仓库内食材的存放要整齐划一，做到无鼠、无蝇、无虫、无灰尘。
第 4 章　食材出库管理
第 11 条　出库管理员应当检查领料单、调拨单、出库单等出库凭证，查看手续是否齐全，是否具有主管业务部门签章，签章是否齐全，有无涂改。

（续）

> 第 12 条　食材出库遵循"先进先出、推陈出新"的原则，做到保管条件差的先出，包装简易的先出，易变质的先出。
>
> 第 13 条　坚持检查出库情况，填好出库单，并及时签字。
>
> 第 14 条　本着"厉行节约、杜绝浪费"的原则发放食材。
>
> 第 15 条　加强入库人员管理，非仓库管理人员，未经许可不得进入仓库。
>
> 第 16 条　仓库管理人员应当定期对食材出库情况进行检查核实。
>
> 第 5 章　附则
>
> 第 17 条　本办法由仓储部负责编制、解释与修订。
>
> 第 18 条　本办法自 ×× 年 ×× 月 ×× 日起生效。

5．4．3　食材库存盘点

餐饮企业至少每月对食材的库存情况盘点一次，统计库存价值，检查食材的实际存货额与账面额是否符合，以免发生库存食材的短缺情况，通过库存盘点和核实每个月的食材消耗情况，餐饮企业可以对采购工作进行调整。食材库存盘点的步骤如图 5-3 所示。

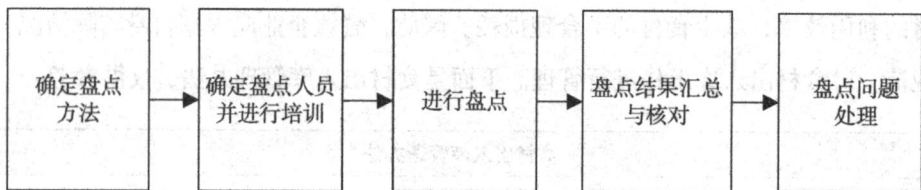

图 5-3　食材库存盘点的步骤

1．确定盘点方法

餐饮企业常用的盘点方法有以下五种。

（1）盘点单盘点法，即借助盘点单进行盘点的方法。

（2）盘点签盘点法。盘点人员在盘点时采用一种特别设计的盘点签，盘点后将其贴在食材上，复核人员复核无误后将其撕下。

（3）料架签盘点法，即以原有的料架签（保管卡）作为盘点的工具进行盘点。盘点人员盘点完毕后，将盘点数量填入料架签，复核人员复核无误后，揭下原有料架签，换上不同颜色的料架签。

（4）分区轮盘法。盘点人员将仓库分为若干区域，依序清点食材存量，并在一定日期后重复盘点。

（5）分批分堆盘点法。仓库管理人员将某批收料记录签放置于透明塑料袋内，拴在收料的包装件上。发料时，仓库管理人员需在收料记录签上记录，将领料单副本存于该透明塑料袋内，并在盘点时对实际动用的存量进行盘点。

2．确定盘点人员并进行培训

盘点小组应在盘点工作开展前一周对各盘点人员进行培训，以保证食材库存盘点的效率和质量。

3．进行盘点

食材库存盘点的内容包括以下五个方面。

（1）将仓库内食材实有数和账簿上显示的数量及金额进行核对，账、卡、物应当保持一致，如有不一致，需进行处理。

（2）盘点库存食材的总价值，可反映出库存食材是否太多或者太少，以及库存食材的总价值是否符合企业的财务政策要求，是否积压太多资金，以适时调整食材库存。

（3）检查食材是否存在损坏、变质、过期等状况，必要时应当进行技术检验。

（4）检查食材保存条件是否合格。

（5）检查利用率不高的食材，可以提醒采购人员及厨师长等注意，并作为不再采购这类食材的依据。

4．盘点结果汇总与核对

（1）汇总盘点结果，即盘点后应将盘点单按编号发出数收回，并根据盘点单上的最终食材数量，统计食材的总量。盘点单是盘点实际库存的原始记录凭证，收回后应妥善保存，以备与账、卡核对。

（2）核对盘点结果，即将盘点所得的库存食材实际数量与账面进行核对。

5．盘点问题处理

当实际数量与账面数量不符时，仓库管理人员或经管部门负责人对产生差异的原因进行分析后，将盘点结果上报给相关管理部门，并根据管理部门的批示，调整相应的账面数量。仓库管理人员应对出现问题的食材进行记录，向管理部门提出处理方案，如进行丢弃或销毁处理。

5．4．4　问题食材处理办法

食材在储存过程中，由于时间的推移、条件的变化等原因，可能出现过期、变质等问题，餐饮企业应及时对这些问题食材进行处理，避免问题食材对顾客的人身安全造成伤害。下面是问题食材处理办法，仅供参考。

问题食材处理办法
第 1 章　总则
第 1 条　为了保证食品质量，合理处理问题食材，特制定本办法。

（续）

第2条　本办法适用于本企业储存的食材发生变质、霉坏，失去使用（食用）价值等情况。

第2章　问题食材认定

第3条　肉和肉制品：颜色变深，表面发黏，弹性变差，有异味。

第4条　蔬菜类：颜色发生改变，形状萎蔫，干枯，扭曲，有异味，发生腐烂、霉变等情况。

第5条　蛋品类：用食指和拇指夹住蛋，放在耳边轻轻摇晃，蛋里有很明显的"流水声"，则说明蛋已经变质；外壳破碎或者出现裂纹；有异味等。

第6条　粮油类：超过保质期，颜色暗淡，上面有明显的霉粒，色泽有异，有异味。

第7条　调味类：超过保质期，发霉、变质。

第8条　食品添加剂：超过保质期，发霉、变质。

第3章　问题食材处理方法

第9条　丢弃处理。将问题食材进行分类，倒入指定垃圾桶，按时集中到垃圾池。

第10条　焚烧销毁。将问题食材集中到一起进行焚烧。

第11条　无害化处理。进行填埋或堆肥处理，无害化处理完后，必须彻底对问题食材存储区域或整个仓库进行消毒，防止病原传播。

第12条　委托第三方公司或由行政部门处理。

如果有大量问题食材，由第三方公司或行政部门处理，第三方公司或行政部门会把问题食材运走，进行合理的处理，防止这些食材流入市场。

第4章　问题食材处理程序

第13条　仓库管理人员清点问题食材，填报"食材变质霉坏报损、报废报告表"，据实说明坏、废原因，并由仓储部主管与厨师长进行审查，提出处理意见。

第14条　给问题食材贴上黄色或红色的标志，黄色代表问题食材在进行检验，红色代表问题食材需要进行丢弃、销毁或无害化处理。

第15条　有毒有害、腐烂变质的食材应交由有关部门进行销毁或无害化处理。

第16条　可能造成安全卫生危害的，立即向当地工商行政管理部门或相关行政监督管理部门报告。

第17条　对过期的食材，应当做好销毁记录，包括销毁的品种、数量、时间、原因、方式，销毁经办人、证明人、负责人等内容。销毁记录保存时间不得少于两年。销毁过程应当用视频录像的形式记录下来，视频录像资料保存时间应当不少于30天。

第5章　附则

第18条　本办法由仓储部负责编制、解释与修订。

第19条　本办法自××年××月××日起生效。

第6章
餐厅楼面管理

6.1 餐厅就餐服务管理

6.1.1 餐前准备作业标准

充分的餐前准备是餐厅服务工作的开始，良好的餐前准备工作不仅能够为服务人员后续的服务工作奠定良好的基础，也能很好地缓解服务人员在餐中服务过程中的压力。因此，服务人员需严格按照作业标准进行餐前准备。餐前准备作业标准如表6-1所示。

表6-1 餐前准备作业标准

准备内容	作业标准
卫生	◆ 清理地面卫生，做到地面无垃圾、无油垢、无水渍、无烟头等 ◆ 清理工作台，工作台台面及边缘细缝处不能留有污渍、杂物，台面不得有刮痕等 ◆ 检查餐台、餐具是否有破损，保持餐台、餐具卫生，不合格者及时改正 ◆ 检查墙壁、艺术挂件、窗帘、灯具等，保证无损坏、整洁、干净 ◆ 服务人员要检查个人卫生
物品补充	◆ 将开餐所需餐具、打包盒、牙签、餐巾纸等准备齐全，由领班领用餐中一次性物品，分配后注意妥善保管，归档码放整齐
检查设施	◆ 检查餐厅灯光、设施设备的稳定性和安全性，合理调节餐厅室温及灯光 ◆ 检查餐中使用工具是否准备齐全，如毛巾、托盘、清洁用具等
工作台	◆ 工作台上的物品一般有餐具、菜单、托盘、茶叶等 ◆ 工作台上物品的摆放不仅要整齐、规范、美观，还要考虑顾客使用的便捷程度与服务员提供服务的方便程度
餐厅摆台	◆ 餐桌主位面向餐厅门口，台布中股缝向上，并与副主位在一条直线上 ◆ 各餐具间距相等，每套餐具确保按标准位置摆放，且整洁无损 ◆ 椅子前沿与垂下的台布保持垂直状态

（续表）

准备内容	作业标准
接待	◆ 接待人员要提前十分钟到岗，穿好工作服，佩戴好工牌 ◆ 整理精神面貌，要求做到面带微笑、端庄大方 ◆ 保持正确的站立姿势，站在正确的位置，做好随时有人进来的准备

6.1.2 预订服务流程

预订服务可以方便餐厅对用餐人数与餐位进行有效的管理，也可为顾客提供便利。

餐厅的预订服务一般由吧台工作人员完成，具体流程如图 6-1 所示。

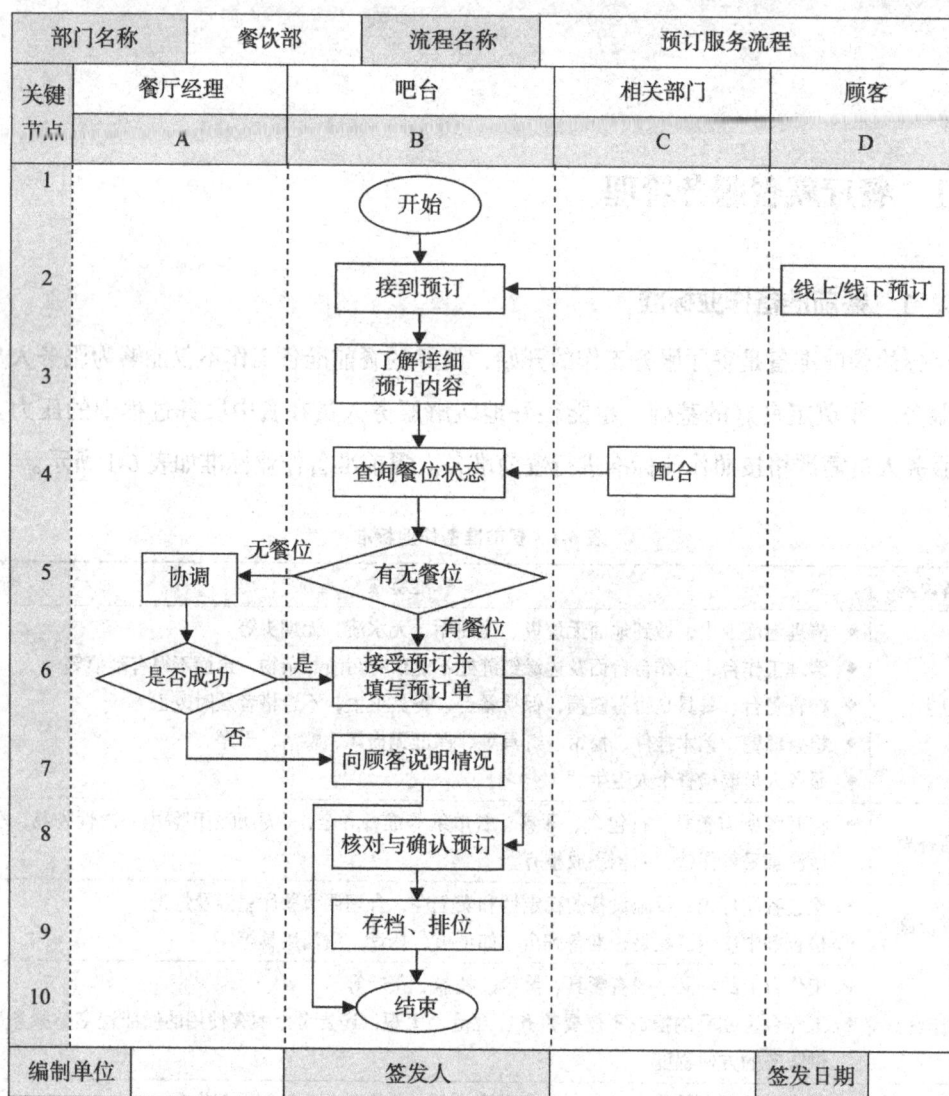

图 6-1 预订服务流程

根据图 6-1，预订服务流程执行关键节点如表 6-2 所示。

表 6-2 预订服务流程执行关键节点

关键节点	细化执行
B2~B4	◆ 接到顾客线上 / 线下预订，吧台工作人员首先要询问和认真聆听顾客要求，并完整记录，然后查看是否有合适餐位 ◆ 接到顾客线上预订后，吧台工作人员要在规定的时间内回复顾客是否预订成功
B5	◆ 当有合适餐位时，吧台工作人员要接受顾客预订，并填写预订单 ◆ 若无餐位，餐厅经理应尽力协调，避免由于已预订顾客取消预订而导致餐位空余
B8	◆ 吧台工作人员与顾客确认订餐人姓名、用餐人数、联系方式、付款方式，说明预订要求（如最晚预留时间） ◆ 预订单填写完整后，吧台工作人员要同顾客核对、确认订餐信息，并对顾客表示感谢
B9	◆ 吧台工作人员将预订单存档，安排餐位，做到准确无误

电话和现场预订流程与关键问题，扫描下方二维码即可查看。

电话预订流程与关键问题   现场预订流程与关键问题

6. 1. 3 接待服务规范

接待服务的好坏直接影响顾客的满意度和忠诚度，因此做好餐厅接待服务是赢得顾客的必要途径。下面是接待服务规范，仅供参考。

接待服务规范

第 1 章 总则

第 1 条 为了提高接待人员的整体素质，塑造文明、礼貌、热情的服务形象，特制定本规范。

第 2 条 本规范适用于餐厅所有接待人员的管理。

第 3 条 接待人员应当遵循以人为本、尊重顾客、平等待客、宽容包容、诚实守信、专业周到、礼貌热情的原则。

第 2 章 仪容仪表及站姿

第 4 条 工作期间必须身着统一制服，制服需干净整洁，无破损，扣子及衣服下摆要整理好。

第 5 条 男性服务员的头发长短要适宜，女性服务员的头发应整洁大方，以简洁的发型为主。

第 6 条 男性服务员的面部应干净，女性服务员以淡妆为主，不要化浓妆。

第 7 条 男性服务员应保持身体挺直，抬头挺胸，两眼平视前方，面带微笑，双肩平直，双手背于身后，右手搭在左手上，禁止叉腰或者将手臂抱于胸前，身体禁止左右摇晃，双脚分开，与肩同宽，平行站立。

（续）

第8条　女性服务员应保持身体端正，抬头、挺胸、收腹，目视前方，双臂自然下垂，双手交握于腹前，右手搭在左手上，双腿并拢，双腿之间没有间隙，双脚呈丁字步站立。

第9条　在正式开始迎宾之前，为表示对顾客的欢迎，应安排部分餐厅服务员站立在门口两侧靠近门口一米的位置，做好推门迎客的准备。同时，店内主道两侧也应安排相应的餐厅服务员，当顾客走进餐厅时，服务员应面带笑容热情问候。

第3章　迎接问询

第10条　餐厅服务员应按照要求着装，站在相应的位置欢迎顾客，见到顾客时，面带微笑，主动上前，向顾客鞠躬致意，为其开门，并且询问是否有预约，声音要清晰，态度要亲切，给顾客宾至如归的体验。

第11条　在迎宾时，餐厅服务员要与顾客进行交流，并注意自己的言辞是否得当。迎宾话术如下。

1. 迎接问候："女士／先生，早上／中午／晚上好"或者"欢迎光临"。

2. 询问用餐人数："女士／先生，请问是几位用餐呢"。

3. 询问是否有预订："女士／先生，请问您是否有预订呢"。

4. 确定顾客有预订："女士／先生，请您跟我到这边来"。

5. 确认顾客没有预订：查看餐厅情况，如果有合适空位，引领顾客过去；如没有合适空位，需要等位，则询问顾客"不好意思，现在店内没有合适的位置，您可否在等位区稍等片刻"。

6. 顾客点菜：当顾客提出点餐要求后，上前询问"您好，您这边需要什么"；如果顾客没有明确要求，可根据具体情况进行推荐，"您好，给您推荐一下我们的招牌菜"。

第12条　当顾客携带物品进入餐厅用餐时，餐厅服务员根据具体情况及时将顾客手中物品接到自己手上，尤其是在顾客物品较多的时候，更应该及时提供帮助。

第13条　餐厅服务员应及时关注进入餐厅的顾客中是否有老、弱、孕、幼等，对于这几类人需及时提供帮助，或上前搀扶老人，或照顾孕妇口味，或看护小朋友。

第14条　餐厅服务员需要时刻做到"耳听八方，眼观六路"，关注顾客的需求，倾听顾客的需求。如果不能立刻到顾客身边，应及时示意，表示自己已经注意到了并且马上过去或者请求其他距离较近的餐厅服务员帮忙。

第4章　顾客引位

第15条　餐厅服务员要先向顾客确认是否有预订，注意使用礼貌用语，如"女士／先生，请问您有预订吗"。

第16条　餐厅服务员于顾客右前方两到三步的距离处为顾客引路。

第17条　行至餐位前，向顾客表明"您好，您的位置到了，请坐"，同时做出"请"的手势。

第18条　将菜单递给顾客，请顾客点餐，餐厅服务员要做好记录，并与顾客确认之后，为顾客下单。

第5章　附则

第19条　本规范由餐饮部负责编制、解释与修订。

第20条　本规范自××年××月××日起生效。

6.1.4　点单服务标准

点单服务是顾客在餐厅消费时享受的初级服务，也是餐厅服务员展现沟通技巧与销售技巧的最佳时机之一，能体现餐厅的服务质量与服务水平。点单服务步骤如图6-2所示。

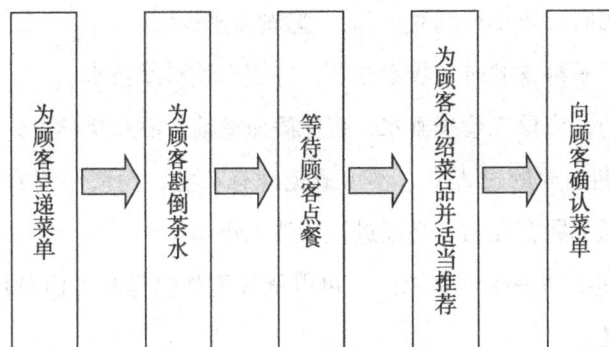

图 6-2 点单服务步骤

1．为顾客呈递菜单

顾客入座后，餐厅服务员将菜单递给顾客后，耐心等待顾客点餐。

2．为顾客斟倒茶水

在顾客查看菜单期间，餐厅服务员根据顾客的需求为顾客斟倒茶水，切记先宾后主，年长者为先，茶不要斟太满，以七分满最为适宜。

3．等待顾客点餐

餐厅服务员准备好点餐工具，如纸笔、点菜器、平板电脑等，站于主要点餐顾客的左后侧，等待顾客点餐。

4．为顾客介绍菜品并适当推荐

餐厅服务员在顾客点餐过程中，根据自己对菜品的了解与掌握情况，适当为顾客介绍菜品的特点与分量，也可以适当推荐招牌菜与酒水，并仔细倾听顾客的疑惑继而进行解答。

5．向顾客确认菜单

当顾客点餐结束后，餐厅服务员向顾客重复其所点菜品，确认最终下单菜品，并将点菜单交给相应工作人员。

6.1.5 餐中服务技巧

餐中服务是指顾客在用餐过程中，餐厅服务员所提供的服务。餐饮服务质量的好坏与顾客在用餐过程中是否享受到优质的服务有着很大的关系，因此增强餐厅服务员的餐中服务意识，是维护餐厅声誉、广揽客户的必要手段。

1．酒水服务技巧

酒水服务技巧有以下六点。

（1）为顾客斟酒时，要小声问候一句："您看斟多少？"

（2）当顾客表示不再饮酒时，收走酒杯，并倒上饮料或茶水。

（3）酒水上桌前，应再三检查酒水，确保酒瓶清洁、酒水质佳后，再为顾客服务。

（4）酒水在长期摆放的过程中，不可避免地有灰尘、污渍等附着于酒水包装上，这时，不能直接将其送到顾客面前，必须进行清洁工作。

（5）当顾客确定要哪一款酒水以后，可以从视觉与嗅觉两方面对目标酒水进行检查，确保酒水无质量问题。

（6）随时留意顾客的茶杯内是否有水，酒杯内是否有酒，以避免顾客干杯时杯子是空的尴尬。

2．菜点服务技巧

菜点服务技巧有以下六点。

（1）上菜前认真检查菜内是否有异物。

（2）上菜不能拖太长时间，不能出现菜品空缺、让顾客尴尬等待、顾客等待间隙饮酒过多的情形。

（3）菜品介绍要把握好时间，不宜过长，一般不超过五分钟。对于易变形的菜品，需要尽快介绍，避免因介绍耽误食用的最佳时机。

（4）对于需要分菜的菜品，介绍特点后，需向顾客说明将提供分菜服务，为顾客分好后再请顾客品尝。

（5）耐心、热情、细致地回答顾客对菜品提出的问题，如果不能回答，也不能拒绝顾客，可以说："这个问题我怕回答不准确，需要我的主管来帮我一下，请稍等，我请他过来为您介绍，好吗？"

（6）如需暂时离开工作岗位（买单、催单、送餐具、拿酒水等），要交代其他同事代为照看自己的服务区域。

3．用具撤换服务技巧

用具撤换服务技巧有以下三点。

（1）随时保持桌面和工作台的清洁，把从餐桌上撤下的盘子随时拿走。

（2）撤换烟灰缸时，应先做防火安全检查，看是否有未熄灭的烟蒂，如有应进行灭火处理。

（3）忌在同一毛巾篮或托盘上收撤换毛巾。派送热毛巾时应遵循先宾后主、女士优先的原则，并使用礼貌用语，如"先生/女士，请您用毛巾"。

4．结账送客服务技巧

结账送客服务技巧有以下八点。

（1）结完账后要礼貌地向顾客道谢。

（2）如顾客结完账却未马上离开餐厅，餐厅服务员应继续提供服务，为顾客添加茶水、及时更换烟灰缸。

（3）若顾客用现金结账，餐厅服务员取拿钱钞后，要及时进行手部消毒。

（4）不得随意向顾客索取小费。

（5）对于点菜较多未吃完的顾客，餐厅服务员应在其即将离开时主动问询其是否需要打包，如需要，应热情为其打包。

（6）注意顾客有没有遗忘东西，如有，应立刻交给顾客。

（7）顾客起身离开时，沿途的餐厅服务员要停下手中的工作，主动为顾客让路，并微笑地向顾客道别，目送顾客离开。

（8）用餐结束后，若顾客没有马上起身离开的意思，餐厅服务员不要急于收拾餐桌，可以为顾客续添茶水。

6．1．6　餐后工作细则

顾客离开餐厅后，餐厅服务员应将顾客恭送至餐厅门口，目送顾客离开，然后返回餐厅按相应的规范和程序进行操作，包括收拾台面、整理物品、补充物品、对餐酒具进行清洁消毒等。下面是餐后工作细则，仅供参考。

餐后工作细则
第 1 章　总则
第 1 条　为了做好顾客用餐后的收尾工作，提升餐后工作质量及效率，特制定本细则。
第 2 条　本细则适用于对餐厅服务员的餐后工作的管理。
第 3 条　餐厅服务员负责餐后收台与餐后检查的执行工作，后厨人员负责餐具和酒具的清洁工作。
第 2 章　餐后收台
第 4 条　检查台面上的餐具是否有破损，若有破损及时向上级汇报。
第 5 条　检查餐具内是否有剩菜、剩汤。若有，要将其倒进撤台桶内。
第 6 条　撤台桶内的剩菜、剩汤不能太满，避免在倒的过程中溢出。
第 7 条　将台面上的贵重餐具先回收到指定地方。
第 8 条　使用托盘收玻璃餐具，遵循"先高后低"的顺序。
第 9 条　对客用餐具应先收取小餐具，包括勺子、汤碗、茶碗、骨碟等，分别摆放于收餐车中，然后收取大餐具，将两者分类摆放。
第 10 条　对厨房使用的餐具进行分类摆放回收，较重和体积较大的放在下面，小餐具放在上面，避免大餐具压小餐具导致破损。
第 11 条　对于一些可以回收使用的，如雕刻、装饰小餐具等，应及时收回并送回厨房。

（续）

第 12 条　同一形状的餐具可以摞起来撤掉，摆放时要注意整齐稳当，以免滑倒。

第 13 条　玻璃、金银、水晶、异形餐具要分开存放，不能混装，避免碰撞产生破损。

第 14 条　用托盘、撤台桶将餐具送回洗碗间。

第 15 条　台面餐具撤完后，应小心将台面清理干净，将台布上的鱼刺、牙签、骨头等尖锐杂物清理至杂物筐内，避免台布破损或刺伤自己。

第 16 条　在干净的台布上，替换清洁、消毒后的餐具，按照摆台标准放置。

第 17 条　如餐桌上使用转盘，则需先取下已用过的转盘罩及转盘，然后更换台布，再摆好转盘，套上干净的转盘罩。

<h3 style="text-align:center">第 3 章　餐后检查</h3>

第 18 条　顾客离开后，餐厅服务员应对餐厅物品进行整理摆放，将所有餐具、服务用品，如餐桌、餐椅、餐柜、装饰物、儿童餐椅等归位。

第 19 条　餐厅服务员进行餐后检查时，应及时补充易耗品与其他服务用品，如餐巾纸、牙签、免洗酒精洗手液、开瓶器、调味瓶等。

第 20 条　餐厅服务员负责公共区域的保洁与维护，确保干净、无异味。餐厅服务员要按要求做好餐厅的卫生保洁工作。

<h3 style="text-align:center">第 4 章　餐具和酒具清洁</h3>

第 21 条　后厨人员在进行餐具和酒具清洁、消毒操作时，应明确操作步骤，并注意相关事项，保证餐具和酒具的卫生符合标准。对餐具和酒具清洁、消毒可参照以下步骤。

1. 配。配制清洗液，包括去污液与消毒液。配制时，注意按照配方配制；使用时，注意节约。
2. 刷。用刷子或各种清洁用具把餐具和酒具刷干净。
3. 冲。将使用洗洁精的餐具和酒具用清水至少清洗三次。
4. 分。将餐具和酒具分类装筐，避免碰撞、破损。
5. 洗。将餐具和酒具倒上洗洁精后放入洗碗机，洗去残留物。
6. 消毒。用高温、药物或者红外线电子消毒柜消毒。
7. 擦。将餐具和酒具上的水渍擦拭干净。
8. 存。将消毒后的餐具和酒具放在保洁柜中，并进行密封，防止细菌进入。

第 22 条　水温为 30℃~40℃时，洗洁精的清洗效果最佳。

第 23 条　漂白水消毒液的温度应低于 30℃。洗洁精和消毒液不能一起用。

第 24 条　漂白水消毒液必须用水稀释后才能使用，不要直接接触皮肤。

第 25 条　被消毒物品应该全部浸没在水中，消毒以后应该用 50℃~60℃的水冲洗干净后才能使用。

第 26 条　清洗过程中，要轻拿轻放餐具和酒具，避免碰撞、破碎。

<h3 style="text-align:center">第 5 章　附则</h3>

第 27 条　本细则由餐饮部负责编制、解释与修订。

第 28 条　本细则自××年××月××日起生效。

6.2　餐厅环境与卫生管理

6.2.1　餐厅环境设计

良好的餐厅环境可以给顾客带来舒服、轻松、休闲、干净、时尚等感觉，也可以激发顾客的潜在需求，因此餐厅环境的设计是至关重要的。

1．餐厅外观设计

餐厅的外观是指整个餐厅建筑的外形、风格和外部装饰、装潢。餐厅的外观设计须符合以下基本要求。

（1）外观设计与装饰布置风格一致，互相协调。

（2）外观应体现餐饮消费的倾向和水平，并与周围的环境相适应。

2．餐厅门面设计

餐厅门面应与交通便捷之处相连，门面前应留有车道，便于顾客上下出租车或驾车光临，门面的侧面应设有与服务接待能力相当的泊车场。为了引起顾客的注意，餐厅的门面应当醒目突出，可设置门柱、遮阳遮雨篷等，以绿色植物、标志招牌等作为导向，或在门面周围设置户外餐饮区域。餐厅的门面设计须符合以下基本要求。

（1）门面应与街道或主干线有一定的距离，但不要过于偏僻。

（2）正门必须宽敞，设计时应充分考虑用餐高峰期的客流量。

（3）门面设计要注意餐厅的私密性与透视性。

（4）门面设计须考虑清洗、消防、安全等因素，包括安全门（通道）、消防栓、电路等。

3．餐厅室内设计与装潢

餐厅的功能区分主要分为四个：门头、前厅、后厨和辅助区。其中前厅和后厨的面积比例以 3：2 为最佳，各辅助区因地适宜，前厅的收银台应设置在较为显眼的地方。

室内的装潢可以根据现代审美进行设计，也可以设计成有主题特色的软装餐厅风格，从而为顾客提供高品质的就餐环境，提升顾客的用餐体验。

4．餐厅气氛设计

餐厅的设计、装饰、布局、照明、色调、音响等都会影响餐厅的气氛。因此，餐厅应根据自身主题特色，认真分析影响餐厅气氛的多重因素，注重餐厅整体气氛的营造。

6.2.2 餐厅卫生作业标准

餐厅服务员要做好餐厅环境的卫生保洁工作。餐厅环境卫生标准如表 6-3 所示。

表 6-3 餐厅环境卫生标准

区域分类	具体内容	保洁标准
外场、大门卫生	餐厅外玻璃、门头、玻璃门	玻璃明亮，无水渍、无油渍、无指纹、无灰尘、无污渍
	餐厅广告宣传牌	无破损、不破旧、无灰尘、字体清晰
	餐厅绿植	无灰尘、花盆干净、摆放整齐

（续表）

区域分类	具体内容	保洁标准
吧台卫生	地面	无杂物、无水渍、无油渍，物品摆放整齐
	台面、墙壁	每餐餐前进行清理
	物品	摆放在指定区域，干净、整洁、统一、整齐，准备充足
	设备设施	无水渍、无油渍、无灰尘
大厅卫生	桌面	台布要求无油渍、无褶皱、无破损
	桌子	底盘干净、无灰尘，桌子摆放整齐，布套干净
	餐具（烟缸、汤勺、水杯、水壶）	明亮、无水渍、无杂物、无破损、无油渍、无指纹，摆放整齐、统一
	座椅	无杂物、无油渍、无灰尘、无破损，摆放整齐、统一，布套干净
	地角线	无水渍、无油渍、无灰尘
	高空吊顶、灯、帘、墙面、玻璃	明亮、无灰尘、无水渍、无指纹
	工作台	工作台表面和台面无水渍、无油渍、无灰尘，物品摆放规范、整齐、统一，无水渍、无油渍、无灰尘
	垃圾桶	干净、无异味、无水渍，套好垃圾袋
	物品柜	无杂物、无油渍、无污渍
	地面卫生	无油渍、无水渍、无垃圾、无拖痕
	清洁用品	清洗干净、摆放整齐、无异味、无杂物、无污渍
	灭火器	无灰尘、无水渍、周边无杂物
包间卫生	衣架	无灰尘
	玻璃	明亮、无水渍、无手印、无油渍
	隔断	无灰尘、无污渍
	窗帘	无破损、无异味、无污渍
	其他卫生（桌子、椅子、工作柜、垃圾桶等）	无灰尘、无污渍
卫生间卫生	门、门框	无灰尘、无污迹
	卫生间内	无杂物、无异味、无水苔、无堆放物、无卫生死角
	便器、马桶	无污迹、无异味、无灰尘、干净明亮

6.2.3 餐厅卫生检查流程

餐厅卫生不仅影响顾客对餐厅的评价，也与食品安全息息相关。餐厅管理人员要随时检查餐厅卫生，检查时要认真负责、实事求是。图6-3为餐厅卫生检查流程，仅供参考。

部门名称	卫生部	流程名称		餐厅卫生检查流程	

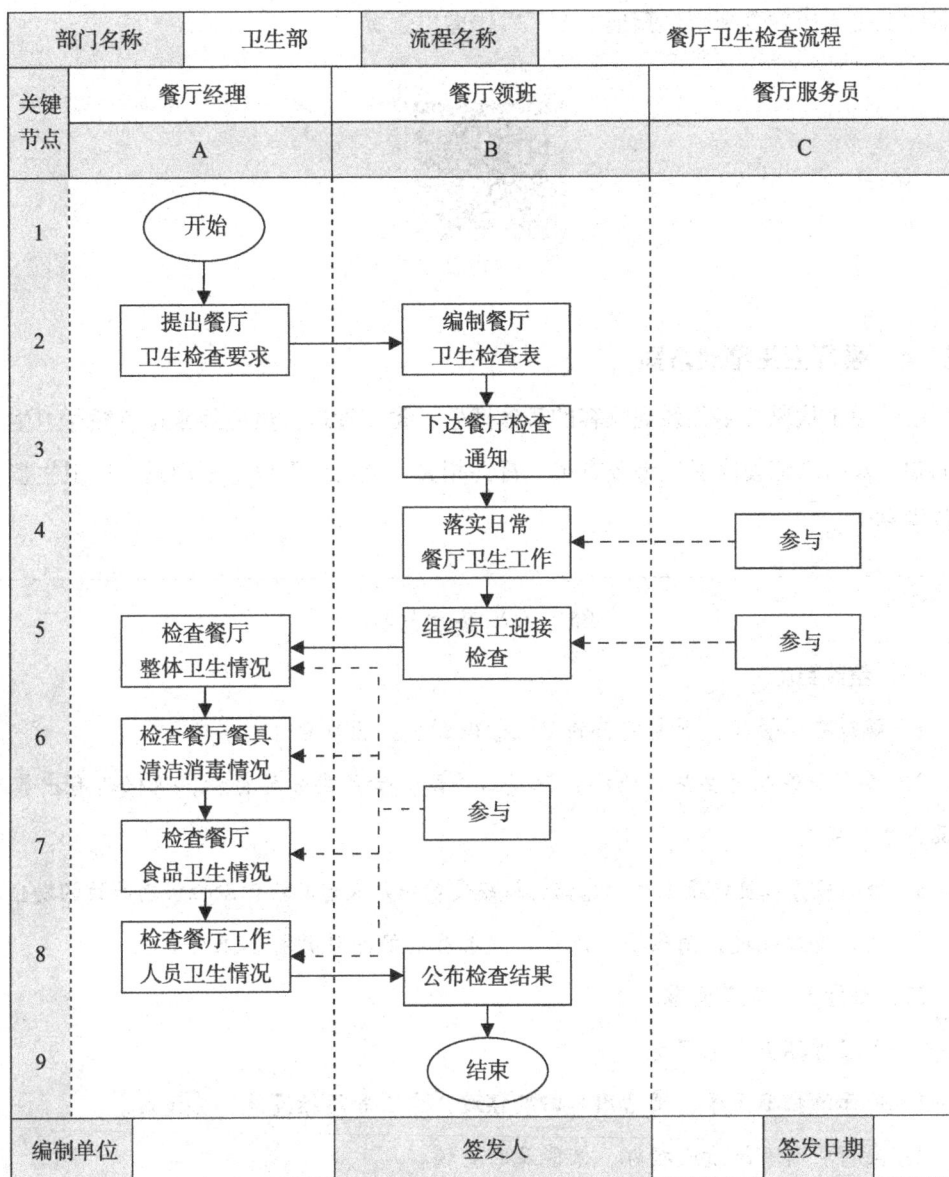

图 6-3　餐厅卫生检查流程

根据图 6-3，餐厅卫生检查流程执行关键节点如表 6-4 所示。

表 6-4　餐厅卫生检查流程执行关键节点

关键节点	细化执行
B2	◆ 餐厅卫生检查表的内容应全面、具体，包括检查区域、检查项目、检查标准、检查意见（优、良、差）、备注等
B8	◆ 对检查结果进行认真记录，对有关违纪的事项进行处理，并公布处理结果 ◆ 对与检查结果相关的区域和人员，必须制定切实可行的改进措施，并限期改正

餐厅卫生工作检查细则，扫描下方二维码即可查看。

6. 2. 4 餐厅卫生整改方案

餐厅的卫生状况直接关系到顾客的身体健康，餐厅管理人员应经常检查餐厅卫生，若发现问题，及时制定餐厅卫生整改方案，督促相关人员进行整改。下面是餐厅卫生整改方案，仅供参考。

餐厅卫生整改方案

一、整改目标

1. 规范餐厅管理，制定完善的卫生管理制度，明确责任人。

2. 所有服务人员要穿工作服、佩戴工作证，食品要分类存放，确保所有出售的食品卫生、安全。

3. 增强服务人员健康卫生的意识，杜绝食物中毒或者其他食源性疾患事故的发生。

4. 优化餐厅环境，消除安全隐患，使餐厅功能完整并符合卫生要求。

二、餐厅卫生现存问题

（一）餐厅环境卫生问题

1. 地面清扫不干净，清洁用具四处摆放，尘土和污垢没能彻底清理。

2. 桌椅表面有污渍或损坏，未能及时更换。

3. 缺少必要的环境消毒，存在食品安全隐患。

4. 餐厅菜单的清洁不到位，会使顾客对餐厅的印象大打折扣。

（二）服务过程中卫生问题

1. 部分餐厅服务人员不洗手就直接摆台，在摆放餐具时，直接用手抓拿，影响了餐具的美观和卫生。

2. 部分餐厅服务人员在上菜时，对着菜品大声说话，甚至对着菜品咳嗽和打喷嚏，可能对菜品造成污染。

（三）服务人员个人卫生问题

1. 有的餐厅服务人员留有长指甲，容易携带病菌，若指甲内有污垢，在上菜时

还会引起顾客的反感。

2. 有的餐厅服务人员工作时佩戴戒指、手链、手表等有可能影响食品卫生和服务操作的装饰物。

三、整改时限

××年××月××日前。

四、整改措施

（一）培养良好的个人卫生习惯

1. 餐厅服务人员应做到勤洗澡、勤理发、勤剃胡须、勤刷牙、勤剪指甲。

2. 餐厅服务人员在顾客面前切忌掏耳朵、剔牙、打哈欠、抠鼻子等。

3. 餐厅服务人员应按照要求着装，并经常对工作服进行清洗和熨烫，保持工作服整洁。每位餐厅服务人员至少有两套工作服。

（二）规范服务过程卫生

1. 规范摆台卫生，餐厅服务人员摆台前必须洗手，时刻保证双手的卫生，餐饮器具应用托盘托拿，在不分菜的餐桌上必须摆设公勺、公筷。

2. 规范餐前服务卫生，进餐前应为每位顾客提供一条餐巾，以使顾客保持手部卫生。餐巾要用盘具盛装，递送时用餐钳夹取。

3. 规范上菜服务卫生，餐厅服务人员在上菜时应先检查菜品卫生，如发现不符合卫生要求的，则应立即更换，并用干净的托盘上菜。

4. 规范餐间服务卫生，为顾客勤换食碟，拿杯时要拿杯子的下半部等。筷子和勺子每次使用后必须清洗、消毒和保洁，以防止疾病的传播。

5. 规范餐后服务卫生，当顾客餐毕离席后，餐厅服务人员应及时按照标准收拾餐桌，搞好地面卫生。

（三）建立卫生意识与制度

1. 定期组织餐厅服务人员接受有关食品卫生法的宣传教育和卫生培训。

2. 建立必要的卫生奖惩制度，将卫生工作的检查考核做到经常化、制度化。检查中，若发现有人违反规定，视情节轻重给予批评教育、罚款等处罚。

五、其他说明

餐厅管理人员应监督方案的执行，加强对餐厅服务人员的食品安全知识培训，进一步提高餐厅服务人员对卫生工作的重视程度。同时，餐厅管理人员要坚持日常监督与考核，推进餐厅卫生状况不断改善。

6.3 餐厅设备管理

6.3.1 餐厅设备购买流程

一些基础设备对于餐厅来说必不可少，采购人员购买设备时要考虑餐厅面积、餐厅风格等因素。图 6-4 为餐厅设备购买流程，仅供参考。

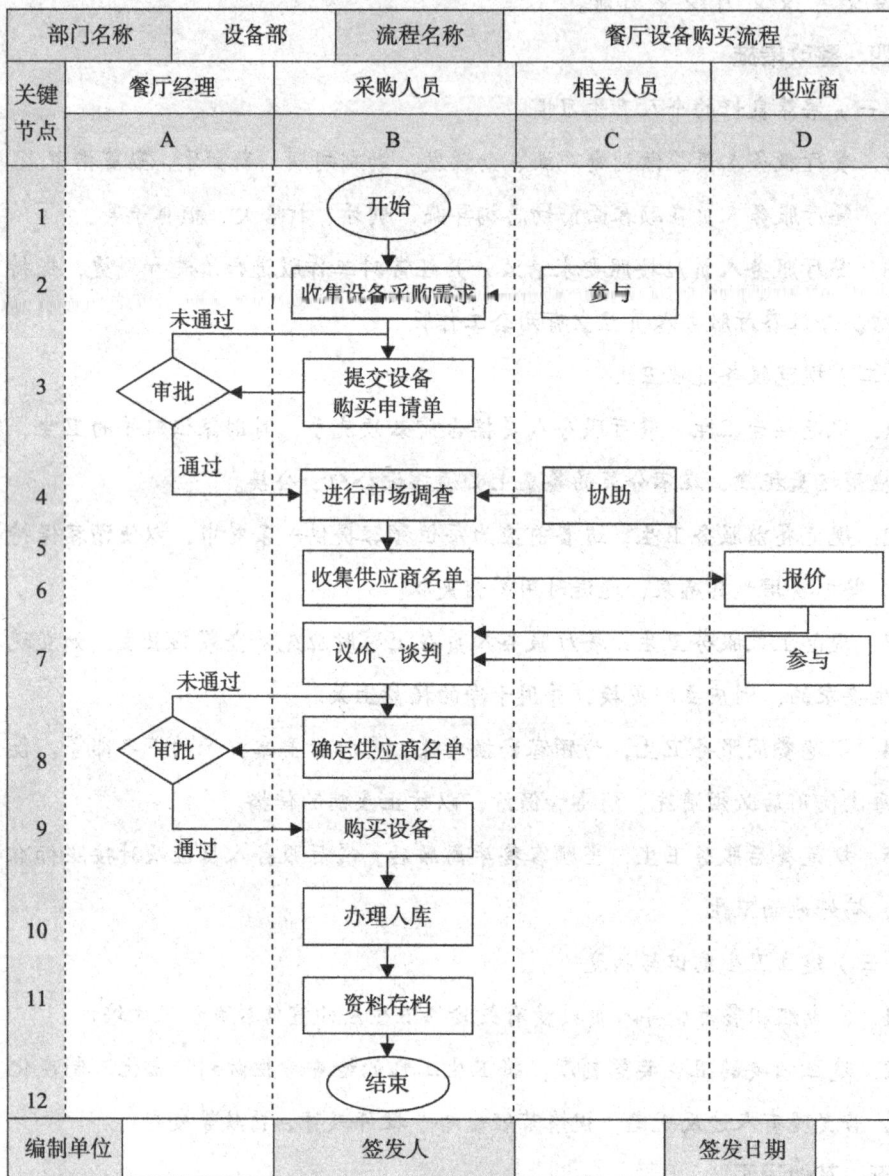

部门名称	设备部		流程名称	餐厅设备购买流程	
关键节点	餐厅经理	采购人员		相关人员	供应商
	A	B		C	D

图 6-4 餐厅设备购买流程

根据图 6-4，餐厅设备购买流程执行关键节点如表 6-5 所示。

表 6-5　餐厅设备购买流程执行关键节点

关键节点	细化执行
B2	餐厅设备的购买需求是根据餐厅区域的划分来确定的，主要包括储藏设备、洗涤设备、制冷设备、垃圾处理设备、食品处理设备、系统设备等
B4	采购人员应从多渠道进行市场调查，如互联网站、新闻媒体、竞争对手、供应商、行业协会、产品发布会、产品展销会、产品订货会等
B8	在供应商初评、现场评审通过，并且样品检验合格的情况下，采购人员应将供应商列入合格供应商名单，交采购经理审批
B9	餐厅设备的购买应遵循实用方便原则、性价比高原则、安全卫生原则、容易清洁保养原则

6.3.2　餐厅设备使用规范

当代餐厅的设备日益增多，如何安全、规范地使用设备是餐厅服务人员必须掌握的技能之一。下面是餐厅设备使用规范，仅供参考。

餐厅设备使用规范
第 1 章　总则
第 1 条　目的
为了保证设备的规范化使用，确保安全，特制定本规范。
第 2 条　适用范围
本规范适用于厨房设备、前厅设备、消防设备的使用管理。
第 2 章　厨房设备
第 3 条　洗碗机使用要求
1. 做好开机前准备工作，将洗碗机水箱装满水。
2. 开蒸汽机和电源，使用水温达 60℃以上、消毒水温达 80℃以上后再开机工作。
3. 餐具上机前先用清水冲掉餐具内的杂物。
4. 清洗工作完毕，关好总开关和蒸气阀。
第 4 条　冷库、冰柜使用要求
1. 经常观察冷库、冰柜的运行情况，确保急冻库常温、保鲜库常温符合规定值。
2. 清洗冷库、冰柜时要切断电源。
3. 进冷库时要开灯，出冷库时要关灯。
4. 发现冷库、冰柜运行异常，要及时通知工程部。
第 5 条　液化气使用要求
1. 开炉前要清洗炉胆，点炉时先送气，后开风点火。
2. 工作完毕，先关总气阀，后关炉和风机。
3. 发现设备故障或管道、阀门有泄漏时，应立即停止使用并报告。
第 6 条　烘炉使用要求
1. 使用烘炉前，应根据烘烤食品的性质严格控制温度和时间。
2. 工作完毕及人员离岗位时，必须切断电源。
3. 清洗烘炉时要切断电源，每使用一次，就要清洗一次。
第 7 条　打面机使用要求
1. 打面机通电后，要检查打面机运行是否正常。

（续）

2. 投放面团时，手和打面机要保持安全距离。

3. 打面机运行时，禁止用手翻动机内的面团；用后切断电源，并清洗打面机。

第8条　绞肉机使用要求

1. 使用绞肉机前，要将各种配件装好。

2. 接通电源后，检查绞肉机运行是否正常。

3. 投放食品时，手不能放入机孔内。

4. 工作完毕，切断电源后再清洗绞肉机。

第3章　前厅设备

第9条　吸尘器使用要求

1. 使用前先检查集尘袋是否清理干净，必要时应清理后再用。

2. 每次连续使用的时间不宜超过两个小时，以免电机过热被烧毁。

3. 使用时应注意保护线的绝缘保护层，以防长期在地上拖拉引起破损。

4. 先将拟用吸尘器清理的场所中的大块污物清除，以防锋利物进入吸尘器而损坏电机。

5. 使用时严禁将手或脚放在吸口下，以免发生危险。

6. 吸尘器不能用于吸集金属碎屑或烧着的烟头等杂物，以防损坏电机和集尘袋。

第10条　电热水壶使用要求

1. 注水应不超过最高水位线，以免液体沸腾时溢出壶外。注水也不宜少，否则会很快烧干。

2. 不要接通电源后再装水，否则容易烧坏发热器或引起危险事故。

3. 为避免被沸水烫伤，应先切断电源再取用开水，以确保安全。

第4章　消防设备

第11条　手提式干粉灭火器

1. 灭火时，先拔去保险销，一只手握住喷嘴，另一只手提起提环（或提把），按下压柄就可喷射。

2. 扑救地面油火时，要采取平射的姿势，左右摆动，由近及远，快速推进。

3. 使用前，先将筒体上下颠倒几次，使干粉松动，然后再开气喷粉。

第12条　二氧化碳灭火器

1. 灭火时，将灭火器的喷嘴对准火源，打开启闭阀，即可喷出。

2. 在空气不流通的火场使用二氧化碳灭火器后，必须及时通风。

3. 灭火时，要连续喷射，防止余烬复燃，不可颠倒使用。

第5章　附则

第13条　编制单位

本规范由设备部负责编制、解释与修订。

第14条　生效时间

本规范自××年××月××日起生效。

6.3.3　餐厅设备保养办法

餐厅设备保养质量的好坏，直接关系到设备能否长期保持良好的性能。餐厅服务人员应在设备的日常使用前、使用中、使用后进行例行检查和维护，若发现故障，应及时处理，这为餐厅间接节约了运营成本。下面是餐厅设备保养办法，仅供参考。

餐厅设备保养办法

第1章 总则

第1条 目的

为了确保餐饮设备正常运行并延长其使用寿命，规范设备维护保养、维修工作，确保在用设备安全、有效，特制定本办法。

第2条 适用范围

本办法适用于电热设备、电子设备、制冷设备、烹饪设备等的保养管理。

第2章 电热设备

第3条 电子消毒柜保养标准

1. 电子消毒柜应水平放置在周围无杂物的干燥通风处，距墙不小于30厘米。

2. 要经常检查电子消毒柜的柜门封条是否密封良好，以免热量散失或臭氧溢出，影响消毒效果。

3. 每天对电子消毒柜进行通电，这样才能保持电子消毒柜的消毒效果。

4. 清洁电子消毒柜时要注意，应先拔下插头，用干净的湿布擦拭电子消毒柜内外表面，禁止用水冲淋电子消毒柜。若太脏，可先用湿布蘸中性洗涤剂清洗，再用干净的湿布抹净洗涤剂，最后用干布擦干。清洁时，注意不要撞击加热管或臭氧发生器。

第4条 饮水机保养标准

1. 要将饮水机置于无阳光直射的环境中。

2. 每次更换桶装水时都应清洗手可触及的部位：放尽饮水机内的水，用75%浓度的医用酒精棉球擦拭聪明座、内壁、龙头、积水托盘等处。

3. 定期对饮水机内部手无法触及的部位进行消毒：用消毒剂对饮水机内胆进行浸泡消毒，消毒后排尽消毒液，用纯水彻底冲洗饮水机内胆，直至闻不到消毒剂味道。

4. 饮水机使用两年后，根据实际情况更换冷热水管等配件。

第3章 电子设备

第5条 电视机保养标准

1. 电视机不宜无节制地反复开关，这样会加速老化、影响其使用寿命。

2. 不要将带有磁性的物体在荧光屏前移动，否则会导致电视机受磁、色彩紊乱。

3. 梅雨季节要经常开机使用，利用机器工作时产生的热量驱散潮气。

4. 看完后，不能只用遥控器关机，要关掉电视机上的电源，以免电视机长时间通电。

第6条 音响设备保养标准

1. 注意防潮，保持干燥，在潮湿的环境中音响电路很容易老化。

2. 防止震动和碰撞，震动会导致扬声器磁铁失去磁性、电路断开。

3. 避免在高温情况下使用音响，否则容易造成退磁、纸盆老化等情况。

第4章 制冷设备

第7条 空调保养标准

1. 在空调刚运转时，将开关调至高速挡进行降温，等到温度下降以后，再调至中速或低速挡。

2. 空调关机后若要再次使用，时间间隔需在五分钟以上，使空调压缩机得到缓冲。

3. 定期检查、清扫室外散热器。

第8条 冷藏柜保养标准

1. 冷藏柜使用期间应定期除霜，并指定专人管理，以保持内部整洁干净，食品码放整齐有序。

2. 清理冷藏柜时，应先断电，不得用水冲洗电器部分，以防触电或烧坏电机。

3. 冷藏柜发生故障，如漏电、声音不正常、不停机、制冷不足等，应及时反映并报修，不得自行修理。

第5章 烹饪设备

第9条 节能炉灶保养标准

1. 禁止坐锅点火。

（续）

2. 烹饪过程中尽可能避免将水溅入炉灶内。

3. 节气阀是节能炉灶的关键零部件，出厂时已做设定，无须自行调节。

4. 爱护灶具，保持灶面、灶具清洁，保持煤气畅通，保持其良好的受热状态。

5. 经常检查旋塞阀（金属管与橡胶管接头处的阀门）的密封性能，经常检查连接软管是否有龟裂老化现象，发现问题后及时处理。

6. 长时间燃烧后，灶具温度较高，禁止用自来水冷却。

第10条　燃气

1. 对于燃气灶、液化气罐，坚持"谁使用，谁负责"的原则，每天查看使用状况。

2. 每天使用前要先检查是否漏气，每个截门部件是否安全可靠，更换液化气罐时，接头一定要接好。

3. 下班前关好煤气总阀门，并检查其他阀门是否关闭，确认无漏气等异常情况后才能离开。

4. 清洁煤气灶设备时应彻底切断煤气源、电源。

第6章　附则

第11条　编制单位

本办法由设备部负责编制、解释与修订。

第12条　生效时间

本办法自××年××月××日起生效。

6.4　餐厅吧台管理

6.4.1　吧台作业管理规范

吧台是餐厅向顾客提供酒水及其他服务的工作区域，也可以是总服务台，它是餐厅必不可少的区域。吧台人员须熟练掌握自己的工作内容和工作流程，并协助餐厅服务人员做好餐前准备、餐中服务、餐后整理等工作。下面是吧台作业流程管理规范，仅供参考。

吧台作业流程管理规范

第1章　总则

第1条　目的

为了加强吧台管理，促进餐厅管理工作的开展，提高管理的科学性和规范性，特制定本规范。

第2条　适用范围

本规范适用于吧台开吧准备工作、顾客进店服务工作、订单外送工作及吧台收尾工作的管理。

第2章　开吧准备工作

第3条　检查设备

吧台人员在检查设备时，应遵循以下标准。

1. 餐厅内所有电器运转正常。

2. 冰柜内无积水和污物，外壳光亮。

3. 吧椅和柜台牢固、无损坏。

第4条　清洗吧台用具

吧台人员在清洗吧台用具时，应遵循以下标准。

1. 对于小吃杯、器具等各类吧台用具，要确保干净、无破损、数量充足。

（续）

2. 饮水机要完好、干净、水量充足。

第 5 条　清点食材

吧台人员在清点食材时，应遵循以下标准。

1. 根据餐厅日需用品清单，清点备用食材，做到准确无误。

2. 根据吧台实际营业情况，将准备好的、要求新鲜的吧台食材（如水果）放入保鲜柜中。

第 6 条　整理仪容

吧台人员在整理仪容时，应遵循以下标准。

工作前要清洗双手，整理好自己的仪容仪表，确保符合餐厅要求。所穿工作服要整齐笔挺，仪容要端庄大方，表现出良好的精神状态。

第 7 条　整理酒水展示柜

吧台人员在整理酒水展示柜时，应遵循以下标准。

1. 检查展示柜，要求无污渍、无水渍、无灰尘。

2. 准备品种齐全的展示酒水，器具要干净、无污渍，商标无损坏。

3. 各种酒水的商标要朝向顾客，摆放整齐。

第 3 章　顾客进店服务工作

第 8 条　迎宾

顾客到店时，微笑迎接顾客，用好敬语，做到态度和气、话语亲切。

第 9 条　为顾客制作饮品

吧台出品时间不得超过十分钟，一般以五分钟为宜。

第 10 条　结账工作

当顾客消费完毕需要结账时，吧台收银员应拿出相应桌台号的资料夹里的所有单据与计算机中的信息进行核对，查看有无漏输、少输、多输，确认无误后打印出消费明细账单递交餐厅服务人员。

第 11 条　欢送顾客

顾客准备离店时，吧台人员要说欢送语欢送顾客，提醒顾客带好随身物品，并把代为保管的物品如数交给顾客。

第 4 章　订单外送工作

第 12 条　订单打印

外送订单产生后，吧台人员要将订单打印出来，并通知厨房。

第 13 条　确认包装

吧台人员应确认包装外观无损坏、无污渍，并将订单编号向外摆放。

第 14 条　与派送人员交接

吧台人员将检查无误的外送订单交给指定的外送人员，并与外送人员确定产品后进行交接。

第 5 章　吧台收尾工作

第 15 条　清洗用具、整理吧台

吧台人员在清洗用具、整理吧台时，应遵循以下标准。

1. 将需要清洗的器具分类、整齐地摆放到指定位置。

2. 清洁整个吧台区域卫生，以确保吧台正常运转。

第 16 条　整理、移交工作

1. 根据当日的饮品单，统计出销售数量，清点库存，做好盘点日报表。

2. 值班经理根据当天吧台的销售数量填写补货单，以保证吧台第二天的饮品供应量和库存量充足，并将填写好的补货单交给专员。

第 17 条　闭店打烊

吧台人员在闭店打烊时，应遵循以下标准。

（续）

1. 认真检查吧台的安全情况。
2. 关掉所有灯。
3. 切断设备（制冰机、冰箱等除外）电源。
4. 将店里的所有门窗锁好。
5. 将钥匙交给相关负责人。

第 6 章　附则

第 18 条　编制单位
本规范由餐饮部负责编制、解释与修订。
第 19 条　生效时间
本规范自××年××月××日起生效。

6.4.2　吧台酒水服务内容

吧台酒水服务是餐厅酒水经营的重要部分。一般情况下，吧台酒水服务包括酒水销售、饮品制作和其他服务，具体内容如下。

1.酒水销售

吧台人员与餐厅服务人员核对顾客酒水订单，确定酒水库存。但要注意应保持酒瓶或饮品瓶外观的干净卫生。

2.饮品制作

吧台人员除提供酒水销售以外，还会提供饮品制作服务，制作饮品时，应注意以下要点。

（1）制作饮品时应更衣、洗手并进行手部消毒，操作时应佩戴口罩。

（2）加工前应认真检查待加工的原料，发现有腐败变质或者其他性状异常的，不得进行加工。

（3）制作饮品的设备、工具、容器等应专用。每次使用前应消毒，用后应洗净并放在专用保洁设施内。

（4）用于现榨果蔬汁的果蔬应保持新鲜并先进行清洗处理。

（5）自制含酒精的饮品，所使用的原料应符合有关要求。

（6）除含酒精的饮料外，饮品宜现制现饮。

3.其他服务

酒吧或传统西餐厅吧台的酒水服务是调酒师根据顾客需求，将调好的酒水放在顾客面前的吧台上。因此，吧台酒水服务还包括填写酒单服务、显示标签服务、开瓶服务、斟酒服务等。

6.4.3　吧台酒水管理制度

吧台酒水管理是餐厅吧台管理的重要部分之一。由于酒水在餐厅运营管理中占据着重要的地位，因此吧台人员应遵循餐厅制度，保证吧台酒水的正常经营。下面是吧台酒水管理制度，仅供参考。

吧台酒水管理制度
第 1 章　总则
第 1 条　为了规范对吧台区域酒水的管理，确保餐厅酒水库存数据有效，保证出品效率，特制定本制度。
第 2 条　本制度适用于对吧台酒水申购和入库、日常管理、销售、领用、盘点等工作的管理。
第 3 条　吧台人员负责规范化提供吧台酒水服务，记录酒水销售情况；餐厅领班负责监督、登记吧台酒水的库存，分析销量情况。
第 2 章　酒水申购和入库
第 4 条　根据酒水销量、库存，吧台人员应及时提出申购计划，按照周期管理原则，控制好酒水的采购量和库存量，确保不过多积压。
第 5 条　酒水入库前需根据申购单核对名称、数量、金额、生产日期、保质期等信息，符合标准后方可完善入库手续，不符合标准的一律拒绝入库。
第 6 条　严禁先出库后补办入库手续，严格遵守账物相符的原则。
第 3 章　酒水日常管理
第 7 条　各类酒水要摆放整齐。对用得快、领量大的酒水，应放在出入方便、易拿易存的位置；对名贵的、用量少的酒水，应妥善存放在柜内并上锁，确保安全。
第 8 条　红酒、汽泡酒应水平或向下倾斜放置，避免橡木塞因干燥而影响酒水品质；同时此类酒水不可经常移动，不可被阳光或灯光直射，不可与味道较大的物料存放在一起。
第 9 条　经常留意酒水的保质期，对快过期的酒水加大促销力度，避免因过期而造成浪费。做好酒水的卫生清洁工作，保证出品质量。
第 10 条　营业前吧台人员必须将每瓶酒水擦拭干净，营业后填写酒水销售表，做到日清日结。
第 4 章　酒水销售
第 11 条　在顾客消费需求的基础上，建议性销售，严禁强行向顾客推销酒水，尤其是高档高价酒水。
第 12 条　餐厅应规范吧台人员的酒水销售用语，避免因语言的直白或语气的强硬而导致顾客投诉。
第 13 条　餐厅应明确规定吧台人员不能为了二次酒水销售而催促顾客饮酒，或顾客一瓶酒未喝完时就开启下一瓶，引起顾客不满。
第 14 条　各餐厅领班应加强对吧台人员的酒水销售工作的管理监督，对推销酒水不规范的吧台人员及时纠正，保证来店就餐顾客的满意度。
第 5 章　酒水领用
第 15 条　酒水出品时应见单出品，注意核对酒水单，仔细查看酒水品种和数量，避免出品错误。
第 16 条　出品时应按照先领的酒水先出的原则。酒水出品较忙时，应参照先易后难的原则，保证出品的速度。
第 17 条　发放酒水时要认真核对数量，检查有无破损；搬运过程中如有损坏，领用人要负责赔偿。对于过期酒水和破损酒水要禁止出品。
第 18 条　闲杂人员不准进入吧台酒水库，酒水库钥匙由吧台人员妥善保管，其他人没有吧台人员的陪同不得私自进入酒水库。

（续）

第 6 章　酒水盘点

第 19 条　每天补货时，吧台人员应对酒水进行盘点。要严格遵守"一天一小盘，一周一大盘"的制度（大盘含仓库酒水），保证账物相符。

第 20 条　在月底开展财务盘点前进行全面盘点并填写盘点表，将结果报告主管；在月底开展财务盘点时，必须积极配合财务人员。

第 21 条　每个月的盘点结果必须与库存系统保持一致，如有出入必须立即汇报，并找出原因。

第 22 条　吧台人员离职时必须对酒水进行交接盘点。

第 7 章　附则

第 23 条　本制度由餐饮部负责编制、解释与修订。

第 24 条　本制度自××年××月××日起生效。

高档酒水推销管理制度，扫描下方二维码即可查看。

6.5　餐厅特殊情况处理

6.5.1　顾客投诉处理流程

顾客对餐厅的服务或菜品不满意时，就会产生投诉行为。餐厅对于顾客提出的投诉要第一时间进行处理，不可拖拉，处理投诉的速度快，可以表现出餐厅对投诉的重视及解决问题的诚意。

图 6-5 为顾客投诉处理流程，仅供参考。

部门名称	餐饮部	流程名称	顾客投诉处理流程

关键节点	顾客	餐厅主管	餐厅服务员
	A	B	C

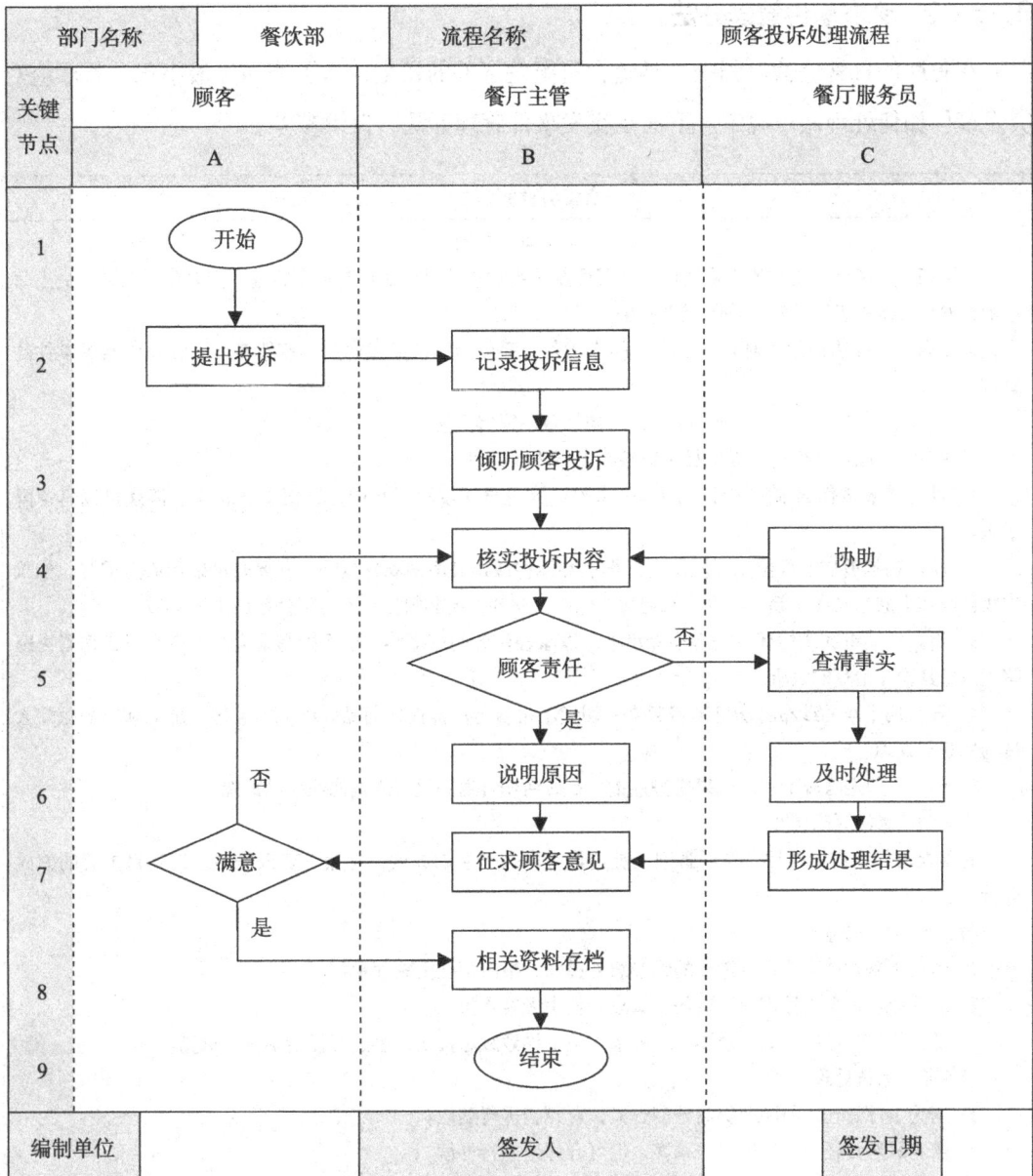

图 6-5　顾客投诉处理流程

根据图 6-5，顾客投诉处理流程执行关键节点如表 6-6 所示。

表 6-6　顾客投诉处理流程执行关键节点

关键节点	细化执行
B4	餐厅主管根据顾客的投诉，立即调查核实事件的经过，分析导致投诉的原因
C5	如果主要责任在餐厅，则由餐厅服务人员进一步查清事实，及时处理
B6	如果责任在顾客，则向其说明原因，表示歉意，并婉转表明双方的责任
B7	无论责任方是谁，最后都要征求顾客的意见，确保顾客对投诉处理结果满意

6.5.2 突发事件管理办法

在餐厅的日常经营过程中，难免会有突发事件的发生，为了使损失最小化，餐厅应对突发事件如何处理做出规定。下面是突发事件管理办法，仅供参考。

突发事件管理办法
第1章　总则
第1条　为了保证餐厅的正常运作，在餐厅发生突发事件时，能控制事态的进一步恶化，保障人员生命和财产安全，维护餐厅稳定，特制定本办法。
第2条　本办法适用于对餐厅突发的顾客烫伤、丢失财物、突然病倒、打架斗殴、食物中毒等事件的管理。
第2章　顾客烫伤
第3条　当顾客烫伤时，餐厅员工应按照以下步骤处理。
1. 冲。将被烫伤的部位用流动的自来水冲洗或是直接浸泡在水中，以便皮肤表面的温度可以迅速降下来。
2. 脱。在被烫伤的部位充分浸湿后，再小心地将烫伤表面的衣物褪除，必要时可以用剪刀剪开，如果衣物已经和皮肤粘黏在一起，可以让衣物暂时保留，此外，还必须注意不可将伤部的水泡弄破。
3. 泡。继续将烫伤的部位浸泡在冷水中，以减轻伤者的疼痛感。但不能泡得太久，应及时送伤者去医院，以免延误了治疗的时机。
4. 盖。用干净的纱布将伤口覆盖起来，切记不可自行涂抹任何药品，以免引起伤口感染和影响医疗人员的判断与处理。
5. 医。尽快送医院治疗。如果伤势过重，最好将伤者送到设有烧烫伤病科的医院。
第4条　事故原因调查
妥善处理好烫伤顾客后，餐厅管理人员应调查事故产生的原因，可通过查询监控、询问目击者的方式进行。
第5条　责任界定
1. 若由于餐厅员工或设备造成的顾客意外烫伤，事故责任由餐厅承担。
2. 若因顾客的个人原因导致烫伤，事故责任由顾客承担。
3. 若因第三方原因（如其他顾客或外来人员）导致顾客烫伤，事故责任由第三方承担。
第6条　后续处理
1. 若为餐厅责任，与顾客协商处理方式，对顾客进行赔偿。
2. 若为顾客责任，餐厅应慰问顾客，也可合理地进行补偿。
3. 若为第三方责任，餐厅应协助救治或送医，帮助受伤顾客保留相关证据并进行慰问，也可适当进行补偿。
第3章　顾客丢失财物
第7条　在顾客的整个就餐过程中，餐厅员工应该提醒顾客注意保管好自己的财物。
第8条　顾客丢失了财物，餐厅员工应表现出同情与关心，尽量帮助顾客查找，一定要让顾客感到餐厅员工是在尽心尽力地帮他。
第9条　如果顾客在餐厅里丢失了财物，一旦没有找到，餐厅员工就应问清顾客用餐时的具体位置、餐桌的台号、物品的件数和特征等情况，并且当着顾客的面登记备查，或是通知有关部门协助寻找。
第10条　经过寻找，一时仍无着落的，可以请顾客留下联系地址和电话号码等，以便有消息后可以及时告知。

（续）

第 4 章　顾客突然病倒

第 11 条　保持镇静。对于突然发病的顾客，餐厅员工要保持镇静，先打电话通知急救部门，并通知餐厅管理人员，再采取一些可行的抢救措施。

第 12 条　如果顾客昏厥或摔倒，不要随意搬动顾客。餐厅员工要认真观察顾客的病情，帮助顾客解开领扣，等待急救医生的到来，并按医生的吩咐，做一些力所能及的事情，协助医生的工作。

第 13 条　对于在进餐过程中或在进餐后尚未离开餐厅的顾客，突然出现肠胃不适等症状，餐厅员工也要尽量提供帮助。

第 14 条　餐厅员工不要急于清理餐桌，要保留顾客食用过的食品，留待检查化验，以便分清责任。

第 5 章　顾客打架斗殴

第 15 条　如果餐厅员工与顾客打架斗殴，其他餐厅员工要及时制止，并上报餐厅经理。

第 16 条　如果顾客之间打架斗殴，餐厅员工应视情况疏导旁边其他顾客，将旁边的顾客引导到其他区域消费，尽量保留单据，让顾客买单。如因当时情况特殊，造成顾客未买单，由餐厅经理负责处理并申报。

第 17 条　及时拨打 110 报警，并保护好现场，交警察处理。

第 6 章　顾客食物中毒

第 18 条　餐厅经理得知顾客食物中毒时，应立即向顾客了解就餐时间及消费的品种。

第 19 条　事后要求顾客出示医院诊断书，餐厅经理亲自过目医院诊断书的内容。

第 20 条　告知顾客餐厅的处理办法，并征询顾客的意见。

第 21 条　餐厅经理立即组织人员对顾客消费的相应品种进行检测，同时将顾客的医院诊断书拿到该医院了解顾客的具体病因。

第 22 条　在确定顾客食物中毒不是本店责任时，应与顾客取得联系，将检测的结果告诉顾客。如是本店责任，则将情况向公司领导汇报，并与顾客联系，协商解决方案。

第 7 章　附则

第 23 条　本办法由餐饮部负责编制、解释与修订。

第 24 条　本办法自 × × 年 × × 月 × × 日起生效。

顾客意外受伤应对服务流程与规范，扫描下方二维码即可查看。

第7章
餐饮厨房事务管理

7.1 菜品管理

7.1.1 菜品筹备

厨房在正式运营之前，要开展菜品筹备工作，即准备好一切所需物品，使厨房工作可以有序进行，避免制作菜品时出现缺少原材料的问题，给餐厅带来负面影响。菜品筹备工作主要包括两方面内容。

1．筹备食材

厨师长应根据餐厅经营方向与菜单设计情况，确定第二天要用的食材，列出清单交采购部门采购，尽量确保所有食材齐全。

厨房要派遣专人对采购工作进行验收，确认所有食材合格后方可使用。

在正式制作菜品之前应准备好菜品辅料，这些工作应由专人分别进行，以保证用餐高峰期的菜品制作效率。

2．筹备菜品盘饰

为保证菜品的美观性，精致的装盘是非常必要的。因此，在制作菜品前，相关人员应准备好干净、卫生、美观的盘饰供装盘时使用。

7.1.2 菜品加工

在菜品筹备工作结束以后，后厨人员就要对菜品进行加工。加工过程包括粗加工与精加工。因此，餐厅管理人员应明确菜品加工标准，以规范菜品加工工作，避免出现菜品浪费或者加工质量不合格的现象。

1．蔬菜加工标准

（1）蔬菜要去除黄叶、烂叶、杂质及其中不可食用的部位。

（2）使用 0.3% 浓度的淡盐水或食用碱、淘米水浸泡 5 分钟以上。

（3）清洗时要做到无泥沙、无虫卵、无杂质。

（4）切配时要根据实际情况使用不同的工具，做到专刀专用，切配后用菜筐分装。

2．肉类加工标准

（1）清洗肉类应用 40℃左右的温水多次清洗，要做到表面无血迹、无杂质、无残余毛羽等。

（2）要用专用设备切配。通常肉类切丁时要求宽度小于 1.5 厘米，切丝或者切片时要求粗细、厚薄均匀。

（3）切配后要用不同的器具分装不同规格、不同品种、不同用处的肉类。

3．烹饪加工标准

（1）配菜人员应按照厨师要求备好每个菜品所需的小料和调味品，并检查调味品的质量，确保无过期、无"三无"产品等。

（2）厨师在烹饪过程中应严格按照相应的规范使用各种设备，做到生熟分开、荤素分开，并且要离地摆放菜品。

（3）烹饪肉类、豆类等食材时，中心温度不得低于 70℃，炒、炖、烧制菜品要求在起锅前 30 秒内放置调味料。在尝菜时必须使用专筷、专勺。

（4）烹饪好的菜品与就餐者的用餐时间间隔控制在 30 分钟以内，烹饪好的菜品用专用容器分类保温存放，存放温度应高于 60℃，并离地摆放。

（5）菜品制作完成后由专人将各种菜品分类留样，留样菜品不得少于 100 克。留样菜品冷却后放入专用保鲜柜，留存 48 小时。

7.1.3 菜品摆盘

厨师应根据菜品摆盘要点进行摆盘，以保证菜品的美观性，提升顾客的用餐体验与忠诚度，更好地实现餐厅的经济效益。菜品摆盘要点如下。

1．遵循摆盘规律

摆盘应从"点、线、面"入手："点"具有集中、吸引视线的功能；"线"是摆盘的骨架，可利用其进行布局；"面"是菜品的整体，呈现整个菜品的形状。因此，在实际操作中可将三者结合使用，解锁更多摆盘方式。

2．掌握摆盘形式

（1）分隔摆盘。将不同颜色、不同食材的菜品直接混合，在盘的边缘加以装饰，这种摆盘简单有效。

（2）混合摆盘。将不同大小、颜色和味道的菜品在盘中分隔放置，既给人一种错落有致的感觉，又能避免串味影响口感，还能让顾客自由选择菜品搭配方式。

（3）立体式摆盘。将菜品以三维的形式展现，既能充分展示菜品的特色，又能呈现一种立体感。

（4）圆柱摆盘。与立体式摆盘异曲同工，但它不需要复杂的造型设计，只需将食物放在盘中形成圆柱状。

（5）放射状摆盘。主次分明，简洁明了，菜品呈放射状，配以合适的颜色更加美观。

（6）平面式摆盘。将菜品重叠平铺于盘中，这种摆盘形式适用于片状食材，菜品显得整齐有序。

3．巧妙运用食材盘饰

菜品比较繁杂、颜色较为鲜艳时，要选择形状简洁、颜色素雅的容器；菜品比较寡淡、颜色较为单一时，要选择造型独特的容器。

摆盘的装饰最好与菜品有关，这样看起来才会和谐、不突兀。

盘饰不要过大、过多、过于复杂、过于鲜艳，避免出现喧宾夺主的现象。

7.1.4　菜品产出率管理

菜品产出率是指出菜量与原材料的比率，是用出菜量除以原材料数量得出的。产出率不仅关系到厨房成本，还关系到整个餐厅的经营效益。因此，厨师长应对菜品产出率进行严格管理。

1．定期培训，提高厨师的烹饪水平

厨师长应定期举行专业培训，让厨师们接受更加系统的理论知识，使他们对烹饪原料的基本属性有明确认识。这样才能确保烹饪过程中不会出现失误，更好地提高菜品产出率，避免食材的浪费。

2．制定严格的原材料加工程序

厨师长应制定管理制度，严格要求配菜人员或者原材料粗加工人员提高原材料利用率，避免在原材料粗加工过程中产生浪费，进而提高菜品产出率。

3．制定一定的烹饪标准

厨师长根据实际情况整理出菜品制作的最佳标准，包括菜品的烹饪时间（油炸时间、

成菜时间）、烹饪温度、烹饪火候等，并以表格的形式打印出来供厨师学习。

厨师长严格要求厨师按照既定标准烹饪，这样可以避免因操作不当而引起原材料的浪费，以此提高菜品产出率。

7.1.5　菜品制作与出品质量管理

为了提升菜品质量，提高顾客满意度，为顾客提供营养、卫生、健康的菜品，树立更好的餐厅形象，厨师长应对菜品进行严格的把控与监督。

1．烹饪分流、专人专菜

为了保证质量，厨师长可以对部分菜品实行分流烹饪。首先根据炉灶厨师的资历、等级及擅长的烹饪技术进行明确分工，专人专菜，摆盘也要由专人负责。这样就可以提高制作与出品质量，也可以更有效地保证菜品质量。

2．建立监督与考核制度

厨师长应建立监督与考核制度，每天对菜品进行巡视检查，若发现菜品在制作过程中存在问题，应及时提出并指正。

除此之外，厨师长还应听取餐厅顾客的反馈意见，收集整理后在例会上直接指出，并提供解决方案。

因菜品质量受到顾客投诉而造成损失的，可以追究直接责任人的责任。

7.2　透明化厨房管理

7.2.1　透明化厨房设计

餐厅透明化厨房可以有效展示菜品烹饪过程，缩短后厨与顾客之间的距离，使就餐环境更有氛围，提升顾客食欲，进而提升餐厅的经济效益。

餐厅透明化厨房有以下三种设计形式。

1．透明厨房

透明厨房是指餐厅用玻璃或者玻璃幕墙的形式进行装修，使顾客能够直接看见菜品加工与制作过程的厨房设计形式。这种形式可以完全展示厨房工作人员的相关操作，极大程度地满足顾客的好奇心，提高顾客对餐厅的信任度，从而更好地提升顾客的食欲。

但是，这种完全透明的厨房设计也有弊端，有可能会将一些油烟、清洗等问题暴露在顾客眼前，引起不必要的猜疑，也可能会将菜品的制作工艺和方法泄露出去。

2．隔断厨房

隔断厨房是指餐厅采取隔断矮墙或者隔断柜将操作间与就餐场所隔开，使顾客能够直接观看食品加工制作过程的厨房设计形式。这种厨房设计形式只向顾客展示菜品制作过程中的关键部分，既向顾客展示了菜品的制作过程，又可以有效避免一些不必要的猜疑。

3．视频厨房

视频厨房是指餐厅在厨房内安装摄像或者监控装置，通过视频传输技术和显示屏，将菜品加工制作过程展示给顾客的一种厨房设计形式。公开展示的关键部分包括食品粗加工区域、烹饪区域、食品原材料库房等，公开展示的重要环节包括原材料清洗、切配、冷食加工等。这种厨房设计形式不仅可以让顾客了解菜品制作过程，还可以避免厨房内的油烟对用餐区域产生影响，适用于厨房与用餐区域分开或者餐厅空间布局不适合采用上述两种形式的餐厅。

7．2．2　透明化厨房管理规范

透明化厨房的出现对于餐厅来说既是机遇也是挑战，一旦出现问题，就可能产生更加糟糕的影响。因此，餐厅管理人员应以透明化厨房管理规范来严格要求相关人员，避免出现意外情况，造成恶劣影响。以下是透明化厨房管理规范，仅供参考。

透明化厨房管理规范
第 1 章　总则
第 1 条　目的
为了保障顾客的饮食安全，改善厨房卫生状况，提高餐饮食品安全水平，营造安全放心的餐厅消费环境，特制定本规范。
第 2 条　适用范围
本规范适用于餐厅透明化厨房的管理。
第 2 章　透明化厨房要求
第 3 条　透明式
1．以透明玻璃、隔断矮墙或者设置参观通道等方式，使顾客能够现场观看菜品制作过程。
2．采用透明玻璃的厨房应定期清洁，保持玻璃表面光滑整洁、通透明亮、无灰尘、无油垢。玻璃上的粘贴画不得阻挡视线。玻璃两侧不宜放置物品，避免遮挡视线。
3．采用隔断矮墙的，高度不得超过 1.5 米。
4．采用参观通道的，通道宽度不得小于 1.5 米，且应保持通畅，不可堆积杂物；应标明进出方向，方便参观者进出，并安装必备的照明设备。
第 4 条　视频直播式
1．公开区域应配备标清以上的监控摄像设备，视频图像存储时间不少于 15 天。
2．就餐场所应配备图像展示设备，并在明显位置展示。
3．展示设备可随时播放实时监控图像及回放食品加工录像。
4．摄像设备及图像展示设备的数量、配置要求应符合相关规定，以记录监控区域内的实际操作过程。

第 5 条　互联网＋视频式

1．公开区域应配备标清以上的监控设备，视频录像存储时间不少于 15 天。餐厅管理人员应保证数据安全，不得删除、更改、损毁原始录像和操作日志等。

2．餐厅管理人员应通过互联网将监控视频上传到显示设备，在互联网上进行操作展示和信息公示。

3．餐厅管理人员应安排专人定期检修监控设备，一旦监控设备不能使用，就应及时维修或者更换，并做好记录。

第 3 章　公开区域要求

第 6 条　粗加工区

1．透明化厨房应展示粗加工区的卫生状况和工作场景，包括原材料的清洗标志、清洗状况、切配等操作，以及食品上架、分类、存放等情况。

2．粗加工区的工作人员应在可被观看的地方对原材料进行粗加工，粗加工过程一定要认真、仔细，工作人员要严格按照食品粗加工制度进行操作。

3．工作人员一定要穿工作服，戴好工作帽和手套，做好卫生防护后，方可进行操作。在粗加工过程中禁止谈论与工作无关的事情，也不得直接用手接触原材料。

第 7 条　烹饪区

1．应向顾客展示烹饪区的卫生情况和工作场景，包括工作台、设备设施、地面等的卫生情况，以及菜品制作的过程。

2．工作人员应穿工作服、戴工作帽制作菜品。

3．工作人员必须注意个人卫生情况，不可对着菜品打喷嚏、咳嗽等。

4．工作人员尝菜时应用专门的尝菜碟与尝菜勺，禁止将尝过的剩菜或者剩汤倒回锅中。

5．地面、工作台、灶台及盛菜工具一定要干净卫生，做到无油渍、无灰尘、无水渍、无厨余垃圾。

第 8 条　餐饮用具消毒区

1．应向顾客展示相关工作场景，包括餐饮用具的回收、清洗、消毒等过程。

2．餐饮用具消毒区一定要注意远离菜品粗加工区与烹饪区，避免对菜品质量与卫生造成影响，进而影响顾客的用餐体验。

3．各项设备与工具的清洗、消毒一定要达到相应的卫生标准。

第 4 章　透明化厨房的奖惩与监督

第 9 条　建立奖惩制度

各岗位工作人员一定要严格按照要求进行工作。餐厅管理人员对表现优秀的员工可适当给予奖励，对未按照规定操作的员工根据情节严重情况给予适当处罚。

第 5 章　附则

第 10 条　建立监督小组

餐厅管理人员应成立专门监督小组，由厨房相关人员轮流组成，不定时对厨房工作进行巡检与抽查，发现问题及时指出并要求改正。

第 11 条　编制单位

本规范由餐饮部负责编制、解释与修订。

第 12 条　生效时间

本规范自 ×× 年 ×× 月 ×× 日起生效。

7.3　卫生管理

7.3.1　加工环境卫生标准

厨房加工环境符合卫生标准，既是餐厅创造声誉的基本前提，也是餐厅赢得市场竞争力的关键因素之一。因此，餐厅管理人员应用合理、科学的卫生标准要求相关人员，以达到树立餐厅良好形象与保证顾客用餐安全的目的。加工环境卫生标准如表 7-1 所示。

表 7-1　加工环境卫生标准

序号	项目名称	卫生标准
1	墙壁及天花板	无油渍、无水渍、无蜘蛛网
2	地面	无积水、无污渍、无菜渣、无其他垃圾
3	排水渠	无食物残渣、无积水、无异味、无堵塞现象
4	门窗	洁净光明、无灰尘、无油渍
5	案板、操作台、备餐台	洁净无异味、无残留物、无污渍、无损坏
6	炉具、灶具	无油渍、无污渍、无堵塞、无食品残留物
7	货柜、货架	干净整洁，物品摆放有序，无其他脏污痕迹
8	排烟罩	无污渍、无灰尘、无积垢
9	垃圾桶	加盖使用，桶外表层保持洁净，桶内垃圾高度不得超出垃圾桶高度的 2/3
10	冰箱冰柜	内外干净、无血水、无积水、无异味、无变质食品，且做到生熟食品分开
11	贮水池	外壁保持干净并配有盖子

7.3.2　从业人员健康与卫生要求

厨房从业人员的健康和卫生情况与菜品卫生质量息息相关。因此，餐厅管理人员除了对加工环境卫生做出把控以外，还应对从业人员的健康与卫生情况做出把控，以防范意外情况发生。从业人员健康与卫生要求的具体内容如下。

1. 从业人员健康要求

（1）新参加工作或者临时参加工作的从业人员必须进行健康检查，取得健康证明后方可上岗工作。

（2）从业人员应定期进行体检，接受国家卫生防疫管理监督机构的健康查体。从业人员的健康查体分为新进人员的查体与原从事食品行业人员的定期健康检查。

（3）为了保证食品安全，从业人员应在出现以下情况时暂时离岗。

① 生病。从业人员患有感冒、腹泻、过敏等疾病时应暂时脱离岗位，治愈后重新上岗。

② 割伤、擦伤及烫伤。从业人员手上出现割伤、擦伤或者烫伤，需要用药物治疗或

者出现化脓时，为避免细菌感染，应暂时离开岗位。

（4）患有消化道传染病、活动性肺结核、化脓性或者渗出性皮肤病的人员，不得上岗工作。

（5）应建立从业人员健康档案，并对从业人员进行健康知识培训，只有通过考核后从业人员才可上岗工作。

2．从业人员卫生要求

（1）从业人员应熟悉《中华人民共和国食品安全法》的相关内容，并在工作中严格执行。

（2）从业人员应严格遵守餐厅的卫生管理制度，如原料保管的卫生制度、菜品加工的卫生制度、工具的清洗消毒制度等。

① 严格按照食品原料的卫生处理步骤进行处理。

② 严格遵守清洗与消毒的操作规程与卫生要求。

（3）养成良好的个人卫生习惯，加强个人卫生管理。

① 进入工作区域时需穿戴好工作服，并定期更换，保持清洁。

② 应设有专门更衣间，以存放员工工作服。更衣间应保持整洁卫生。待清洗的工作服应与清洗后的工作服分开存放。

③ 工作时，头发必须整洁干净、无异味、无头皮屑。

④ 必须养成经常洗手的习惯，并严格按照科学的方法洗手。在每次接触菜品或者餐具之前，一定要认真洗手。

⑤ 工作时，不能面对他人、食品、灶台等咳嗽或者打喷嚏，更不可随地吐痰、随时抽烟。

（4）操作规程卫生

① 从业人员用手接触干净的餐具时，不可用手直接触碰内壁。

② 一般情况下，不可直接用手接触菜品，菜品装盘或者摆盘时应采用工具或者戴手套进行操作。

③ 掉落在地上的菜品应完全丢弃，严禁再次利用。

④ 严禁在灶台、切配台等菜品加工的位置坐卧。

⑤ 品尝菜品时，应用工具取放在专用的尝味碟中，然后将残留物倒掉，不可倒回锅中。

7．3．3　餐饮用具清洁管理制度

餐饮用具的清洁对于餐饮行业来说至关重要，不仅关系到餐厅形象与顾客食欲，还关系到饮食卫生与顾客的身体健康。因此，餐厅管理人员应严格要求餐厅服务员按照既定制度清洁餐饮用具，避免出现卫生问题。以下是餐饮用具清洁管理制度，仅供参考。

餐饮用具清洁管理制度

第 1 章　总则

第 1 条　目的

为了明确餐饮用具清洁要求，为顾客提供卫生、健康、安全的用餐体验，保证顾客就餐质量，特制定本制度。

第 2 条　适用范围

本制度适用于餐饮用具的卫生清洁管理。

第 3 条　职责分工

1. 餐厅管理人员对餐饮用具的清洁工作进行检查，并及时提出整改意见。

2. 餐饮用具清洗人员负责餐饮用具的日常清洁工作。

第 2 章　餐饮用具清洁准备

第 4 条　准备容器

餐饮用具清洗人员按照各种餐饮用具的不同需求准备相应的清洗容器，如浸泡茶杯的容器、放置西餐餐具的专用容器等。

第 5 条　准备清洁药品

餐饮用具清洗人员按照规定配备消毒液，以用来浸泡待消毒餐具。除此之外，应在水池或者清洗设备中放置洗涤剂溶液，以用来清洗餐饮用具。

第 6 条　检查清洁设备

餐饮用具清洗人员在清洁餐饮用具之前应先检查清洁设备是否正常运行，清洁力度与清洁效果是否达到预期；若有不合适的情况，应及时调整，保证清洁设备工作状态正常。

第 3 章　餐饮用具清洁要求

第 7 条　固定清洗地点

餐饮用具清洗必须在专间进行，专间内设有专用的清洗设施，各类设施的用途标志必须明显。

第 8 条　明确清洗步骤

餐饮用具的清洗必须做到一刮、二洗、三冲、四消毒、五保洁。餐饮用具清洗人员使用的洗洁精、消毒剂应符合卫生要求。

第 9 条　清洗餐具时的要求

1. 餐具在清洗设备中的摆放应符合既定的要求，不可乱堆乱放，避免影响清洗效果。

2. 水温应控制在 60℃~80℃，避免高温破坏餐具。

3. 洗洁精与消毒液应随用随换。

4. 清洗结束后应检查清洗效果，未达到标准的，重新清洗。

5. 清洗设备应随时检修与清洁，保证正常运行。

6. 若餐具表面的脏物容易去除，如果汁、果酱、残酒、汤水等，则设备和餐具的清洁、卫生消毒处理工作可以同时进行。

7. 倘若脏物过于黏结，如油脂、牛奶、鸡蛋等，则必须先将脏物洗去，再进行卫生消毒处理。

第 4 章　餐饮用具清洁检查

第 10 条　制订检查计划

餐厅管理人员根据实际要求制订餐饮用具清洁检查计划，并定期对餐饮用具进行检查。

第 11 条　制定考核制度

餐厅管理人员根据实际情况制定餐饮用具卫生考核制度，对于卫生质量不合格或者未达到考核标准的，给予一定处罚。

（续）

第 12 条　检查清洗设备

餐厅管理人员应定期检查清洗设备是否处于良好运行状态，是否达到清洁标准。

第 13 条　餐饮用具清洁检查标准

1. 餐饮用具表面光洁、无油渍、无异味、干燥光滑。

2. 餐饮用具上的残留洗涤剂与消毒剂必须低于 ____。

3. 餐饮用具上可检测出的菌群必须低于 ____，不得存留致病菌群。

第 14 条　检查清洗人员

餐厅管理人员应不定期对负责清洗餐饮用具的人员进行检查，清洗人员必须持有有效的健康证明。

第 15 条　检查清洗物品

餐厅管理人员应检查清洗餐饮用具所用的洗涤剂与消毒剂，是否按照规定浓度调配、是否符合卫生要求、是否有批准文号等。

第 5 章　附则

第 16 条　编制单位

本制度由餐饮部负责编制、解释与修订。

第 17 条　生效时间

本制度自××年××月××日起生效。

7.3.4 厨余垃圾处理

厨余垃圾是指在餐饮行业中因食品加工而产生的垃圾，包括丢弃不用的菜叶、剩菜、剩饭、果皮、茶渣等。厨房是生产厨余垃圾最主要的地方，厨余垃圾容易滋生细菌、吸引病虫。因此，如何正确规范地处理厨余垃圾是餐厅管理人员必须要考虑的问题。厨余垃圾处理要点主要有以下两个。

1. 建立厨余垃圾管理制度

餐厅管理人员应根据实际情况建立厨余垃圾管理制度，主要应包括以下内容。

（1）厨房要放置专门盛放厨余垃圾的垃圾桶，必须注意桶内垃圾高度不要超过垃圾桶高度的 2/3。

（2）厨余垃圾不能随便乱丢，应在每天结束营业后派遣专人清理厨余垃圾，将其放置在固定的地点，避免过夜，做到日产日清。

（3）对厨余垃圾进行分类。厨余垃圾可分为生厨余垃圾和熟厨余垃圾，后厨人员在日常工作中应做好厨余垃圾的分类，将各类单独存放，并按照环境保护的要求设置油水分离器或者隔油池等，以便于开展后续工作。

（4）餐厅管理人员应安排专人对盛放厨余垃圾的垃圾桶、清理厨余垃圾的工具、厨余垃圾防污设施等进行检修，以保证其正常运行，不会影响厨房卫生。同时，专人要保持上述设施的干净、整洁，避免滋生细菌，招致厨房害虫。

（5）不得私自将厨余垃圾排入雨水管道、污水管道、河流、湖泊和公共厕所等地。

2．确定厨余垃圾处理措施

餐厅对于厨余垃圾的处理主要有第三方厨余垃圾处理机构处理与餐厅自己处理两种方式。无论采用哪种方式，处理者都要严格遵循国家及当地有关规定。

（1）餐厅可以寻找第三方厨余垃圾处理机构，与其签订合作协议。第三方厨余垃圾处理机构可采用专业方法（如能源转化法、饲料化法、粉碎直排法等），全权负责厨余垃圾的运输、转运与处理工作。如遇特殊情况，第三方厨余垃圾处理机构可与餐厅商议最终处理方式。

（2）大型餐厅或者连锁餐厅可以建立自己的厨余垃圾处理站，定期定点清理现有厨余垃圾，进行无害化和分解处理。常用方法有直接填埋法、饲料化法等。在厨余垃圾处理结束后，处理厨余垃圾的负责人员要向餐厅管理人员汇报厨余垃圾处理情况。

7．3．5　虫害和鼠害预防管理办法

厨房内部各种物资冗杂，一旦预防不到位就容易招致害虫或老鼠，对食品安全造成影响。因此，餐厅管理人员应要求相关人员按照虫害、鼠害预防管理方法，做好虫害、鼠害预防措施，保证食品安全。以下是虫害和鼠害预防管理办法，仅供参考。

虫害和鼠害预防管理办法
第 1 章　总则
第 1 条　为了预防厨房发生鼠害、虫害，保证食品安全，特制定本办法。
第 2 条　本办法适用于餐厅厨房、食品原料仓库等环境的虫害、鼠害预防工作。
第 2 章　飞虫预防及消杀
第 3 条　厨房门窗及与外界连接的位置均要安装防飞虫装置，如纱窗、防虫门帘等。
第 4 条　厨房内部的垃圾桶应有盖，并安装电击式灭蝇灯。
第 5 条　灭蝇灯高度应为 1.8~2.0 米，且不妨碍厨房操作，不得安装在正对外部的通道出入口处。
第 6 条　所有灭蝇灯应有专员定期检查，并做好维修保养工作。若有损坏，要及时更换，以保证所有灭蝇灯正常运行。
第 7 条　厨房应定期灭蝇，夏季应增加灭蝇次数。
第 8 条　厨房使用的垃圾桶应及时清理，桶内垃圾高度不得超出垃圾桶高度的 2/3，垃圾桶清理后要将其清洗干净。
第 9 条　清理灭蝇灯时应先断开电源，再进行处理，并填写灭蝇灯检查记录。
第 10 条　定期对灭蝇灯内的害虫进行分析，找出来源，根据害虫特性采取相应的消杀手段，从根源解决问题。
第 3 章　爬虫预防及消杀
第 11 条　爬虫主要通过墙体缝隙进入厨房，或者由物资包装带入厨房，因此我们主要从这两方面进行爬虫预防。

（续）

第12条　厨房应有专门人员定期检查墙体、地面、天花板等，若发现地面有缝隙、墙体有裂缝等情况，应及时修补，防止爬虫进入。

第13条　厨房在使用物资时，应仔细检查物资，包括物资包装，及时发现并消灭已经存在的爬虫。

第14条　若在厨房内发现爬虫，应立即采取措施进行消杀，并对周围环境与设施进行检查，找出害虫来源，及时整改。

第15条　对于厨房内的各种管道，均应采取措施，或喷洒药品，或采用有效的隔离装置。

第4章　老鼠预防及消杀

第16条　在厨房地下通道安装符合要求的挡鼠纱网，在墙角、配电箱周围安装固定挡鼠板。

第17条　在厨房与外界的交界处、器具进出门口等位置安装可活动的挡鼠板，除物料、器具进出时间外，不得拿开挡鼠板。

第18条　定期检查易吸引老鼠的位置，提前喷洒药品或安装防鼠工具。

第19条　定期请专业灭鼠公司进行专业灭鼠，每半个月一次，夏季可根据实际需要增加灭鼠次数。

第5章　其他

第20条　所有相关人员必须按照现有方法执行，餐厅管理人员应不定期对虫害、鼠害预防措施进行检查，并及时提出修改意见。

第21条　对未按本办法要求执行防虫害、鼠害措施的有关人员，给予罚款处理并承担全部后果。

第6章　附则

第22条　本办法由餐饮部负责编制、解释与修订。

第23条　本办法自××年××月××日起生效。

7.4　安全管理

7.4.1　火灾预防管理办法

厨房是使用明火进行作业的场所，一旦操作不当，就容易引发泄露、燃烧、爆炸等火灾事故，轻则给餐厅造成经济损失，重则危及人身安全。因此，厨房火灾预防是餐厅安全管理的重中之重，餐厅管理人员应严格遵循火灾预防管理办法对厨房进行管理。以下是火灾预防管理办法，仅供参考。

火灾预防管理办法

第1章　总则

第1条　为了加强餐厅厨房的安全管理，规范并指导各人员做好厨房区域的火灾预防工作，提高安全管理水平，避免火灾事故的发生，特制定本办法。

第2条　本办法适用于餐厅内部的所有厨房。

第3条　厨房所有人员都应遵照本办法进行工作，必要时餐厅可对相关人员进行消防知识培训。

第2章　设备防火管理

第4条　厨房内必须配备消防设备，如烟雾报警器、灭火器等，并要保证这些设备正常工作。

第5条　厨房内的易燃、易爆等危险物品，如酒精、汽油等，不可放置于炉具或者电源插座附近，更不可靠近火源。

（续）

第 6 条　厨房内各种电器设备的安装与使用必须符合防火安全要求，严禁超负荷使用。

第 7 条　要做好厨房内各种电器设备的绝缘工作，电源插座或者电线外部绝缘体一旦损坏，就要立即更换。发现电线漏电走火时，应迅速切断电源，切忌直接用水扑灭。

第 8 条　厨房内各种电器设备的使用与操作必须遵循安全操作规程，如使用煤气时一定要先点火后开气。

第 9 条　厨房所有设备应定期检修，确保无漏电危险。

第 3 章　操作防火管理

第 10 条　厨房必须保持清洁，带有油渍的抹布、纸屑等杂物应随时清除，炉灶旁边的油渍也应随时擦拭，避免火花飞溅造成火灾。

第 11 条　厨师炒菜时，切忌随便离开灶台，或者分神处理其他事情，若确实有事需离开，应叮嘱他人看守灶台。

第 12 条　油锅一旦起火，要立即用锅盖盖住，并除去热源，关闭炉火，切忌直接用水熄灭。

第 13 条　用电器烹饪时，应防止水分烧干起火，用电应符合防火要求，切忌同时使用多个大功率电器。

第 14 条　在煎、炸、烤各种食品时，应注意锅内温度不要过高，避免引起火灾。

第 15 条　使用煤气进行烹饪时，切勿靠近电器线路或者电源插座等装置，炉具未经检验合格，切勿使用。

第 16 条　每日工作结束后，一定要清理厨房，检查电源及煤气是否关闭。

第 4 章　相关人员管理

第 17 条　餐厅管理人员应对厨房工作人员进行消防知识培训，考核通过后，方可上岗。

第 18 条　培训内容包括但不限于厨房作业管理（设备实施配备要求、动火监护等）、突发情况处理方法、灭火器材使用方法等。

第 19 条　制定监管制度，餐厅管理人员应不定期检查厨房内设备设施及人员操作情况，一旦发现有人违规操作，就给予一定处罚。

第 20 条　餐厅管理人员应组织厨房工作人员不定期进行火灾事故演练，以增强厨房工作人员的防火意识。

第 21 条　一旦厨房发生火灾，厨房工作人员应立即向消防中心求助，在消防人员未到达之前，可根据实际情况采取灭火措施。

第 5 章　附则

第 22 条　本办法由餐饮部负责编制、解释与修订。

第 23 条　本办法自 ×× 年 ×× 月 ×× 日起生效。

7.4.2　安全用电管理办法

错综复杂的电路与电器充斥着厨房的各个角落，一旦电路或者电器出现故障，就容易引发火灾，严重情况下可能会危及人身安全。餐厅管理人员应根据安全用电管理办法严格约束员工用电行为，做好安全用电工作，防范发生意外情况。以下是安全用电管理办法，仅供参考。

安全用电管理办法
第 1 章　总则
第 1 条　为了加强餐厅厨房安全用电管理，增强工作人员的安全用电意识，确保餐厅的财产安全与员工的人身安全，特制定本办法。
第 2 条　本办法适用于餐厅内尤其是厨房内的用电管理。

（续）

第 2 章　安全用电管理规范

第 3 条　厨房人员应严格遵守电器设备使用规范，用电量不得超过额定负荷。

第 4 条　厨房人员不得同时使用多个大功率电器，否则容易造成插座和电线超载。

第 5 条　厨房人员在使用电器时，应轻拿轻放，避免剧烈摇晃与振动，导致电器变形，从而造成漏电。

第 6 条　厨房人员在使用电器时，不要将弄湿后的插头插入插座。

第 7 条　不要空载通电加热。各种电炊具在接通电源前，应先在容器内放入食用油或餐料，不能通电加热后放入食物，否则会损坏电热元件。

第 8 条　凡是能够触碰到的设备导电部分，厨房人员均应采取相应防护措施，严禁湿手触摸开关、电缆及其他电器设备，避免触电。

第 9 条　不要让多个电炊具共用一个电源插座，避免造成插座和电线过载而烧坏，甚至引发火灾。

第 10 条　使用电气炊具时，必须请电业管理人员安装合适的电表，导线的线芯截面积应和额定的功率相匹配，尽量选用三芯橡皮绝缘套管铜芯软线或聚氯乙烯铜芯导线。

第 11 条　若由于电线过载引发火灾，应先切断电源，然后用干粉或者沙土灭火，严禁用水直接扑灭。

第 12 条　任何人不得以任何名义私接电路，不得私自安装和乱拉电线。

第 13 条　功率超过 1 000 瓦以上的电炒锅或电烤箱，应在电源插座之前安装保险盒，并按规定使用保险丝。

第 14 条　断电后不要立即将食物倒尽，而应该留下少许食物，使电热元件逐渐降温，以延长电热元件的使用寿命。

第 15 条　电热器要注意防水防潮，尤其是电饭锅的内、外锅之间，电烤箱的内部和控制面板，都不能进水。

第 16 条　不懂电气知识的人不要任意拆开电炊具，以免造成损坏和发生触电事故。

第 17 条　厨房人员下班前应对厨房内使用的电器设备进行安全检查，切断电源。

第 18 条　厨房人员应安排专业人员对厨房内的用电设备进行检查，并做好安全隐患排查与记录工作。

第 19 条　厨房内设备发生用电故障时，厨房人员应立即通知专业电工，不得私自处理，避免漏电造成人身伤害。

第 20 条　厨房人员应增强用电意识，各种电器使用后应及时关闭，避免长时间的使用导致漏电。

第 21 条　对于餐厅内各通道配电箱，应指定专人每月或者每周进行检查，确保正常运行，无漏电风险。

第 22 条　配电箱检查应指定专人负责，其他人员不得以任何名义对配电装置进行操作。

第 3 章　附则

第 23 条　本办法由餐饮部负责编制、解释与修订。

第 24 条　本办法自 ×× 年 ×× 月 ×× 日起生效。

7.5　厨政管理

7.5.1　厨房人员管理制度

厨房是整个餐厅的核心。厨房的管理是餐厅管理的重要组成部分，直接影响餐厅的特色、经营及效益，关系到整个餐厅的服务质量。因此，餐厅管理人员应对厨房人员进行严格管理，以确保厨房正常运营，增强餐厅竞争力。以下是厨房人员管理制度，仅供参考。

厨房人员管理制度

第 1 章　总则

第 1 条　为了加强对厨房人员的管理,保证各厨房的正常运营,特制定本制度。

第 2 条　本制度适用于厨房人员的管理。

第 3 条　餐厅管理人员负责制定厨房人员管理制度,厨房人员负责执行该管理制度。

第 2 章　厨房人员考勤管理

第 4 条　上下班时必须进行考勤,严禁代人或者委托他人进行考勤。

第 5 条　穿好工作服后,应向组长或者厨师长报到。

第 6 条　根据厨房实际需要,轮班人员及时上岗,不需要值班或者加班的厨房人员要及时离开工作场所。

第 7 条　上班时,应坚守工作岗位,不脱岗、不串岗,不做与工作无关的事,如会客、看书报、打私人电话,不得带亲戚朋友到其他场所玩耍、聊天、唱歌等。

第 8 条　因病需要请假的员工应提前一天向厨师长请假,并出示医院开具的有效证明。因不能提供相关证明或者证明不符合规定者,按照旷工或者早退处理。

第 9 条　需请事假的,必须提前一天办理事假手续,经厨师长批准后方有效,未经批准的不得无故缺席或者擅自离开岗位。

第 3 章　厨房人员着装管理

第 10 条　上班时,穿工作服、戴工作帽和口罩,并保持工作衣帽合身、整齐、干净。

第 11 条　工作服要经常清洗、更换,并保持洁白、平整、干净。

第 12 条　应将头发梳理整齐并置于工作帽内。

第 13 条　必须按照规定穿戴围裙。

第 14 条　应自带擦汗毛巾,严禁工作中用工作服袖口、衣襟、围裙或者手直接擦汗。

第 15 条　工作服只能在工作区域或者相关地点穿戴,不得着工作服进入作业区域之外的地点,禁止着工作服进入前厅。

第 16 条　不得赤脚,不得穿拖鞋、凉鞋或者容易打滑的鞋。

第 17 条　不得在工作服外罩便服。

第 18 条　严禁夏天穿短裤、短裙、背心或者光膀子上班。

第 4 章　厨房人员操作管理

第 19 条　配菜人员凭菜单按照规格及时准确地进行原料切配,先接单先配,确保厨师有菜可用,不多配、不少配。

第 20 条　配菜人员配菜后及时与各部门核对菜单,防止遗漏菜品,配菜人员在见到订单后方可配制菜品。

第 21 条　菜品粗加工必须按量在上客之前完成,并做到保质保量。

第 22 条　所有厨房出品(凉菜、面点、肉、青菜、半成品)工作必须分配到人,以保证所有菜品都有专人负责把关。

第 23 条　如因质量问题造成顾客退菜或者投诉,对菜品质量把关人员按照菜品价格给予处罚。

第 24 条　多次因菜品质量问题遭到投诉的厨师,厨师长有权给予其他处分或者辞退处理。

第 25 条　每日营业结束后,厨师长都要对当天的肉类、蔬菜类等菜品进行汇总,对当天使用的原材料进行汇总,对当天所剩原材料进行汇总。

第 26 条　厨师长根据汇总数据,分类列出明天所要采购原材料数量,交给采购员,同时对采购到的原材料进行检查,确保所采购原材料的数量和质量。

第 27 条　营业期间,厨师长应对所有环节进行监督,杜绝浪费,对造成浪费的人员进行必要的处分。

第 28 条　结束营业后,对所剩原材料过秤后,指定专人妥善保管,以免造成浪费。

第 5 章　附则

第 29 条　本制度由餐饮部负责编制、解释与修订。

第 30 条　本制度自 × × 年 × × 月 × × 日起生效。

7.5.2 厨房标准化管理

厨房是餐厅的核心，直接关系到餐厅的经营质量。而树立餐厅形象，打造知名企业，需要精密的治理章程与过硬的管理方案。因此，餐厅管理人员如何对厨房进行标准化管理值得深思。餐厅管理人员可以从以下方面进行厨房标准化管理。

1．菜谱管理标准化

（1）以表格形式列出菜谱所需主辅料，规定制作程序，明确装槽形式，指明菜品的出净率、成本、毛利率与售价。

（2）尽量用通俗易懂的语言进行描述，描述中必须明确指出烹饪的温度和时间对菜品质量的影响，具体说明操作时的加热温度和时间范围等。

（3）标准化菜单应配图片，以供日常工作参考。

2．进货管理标准化

（1）严格要求食材供应商在验收食材时，应检查送货人的身份证件、营业执照复印件及原料检疫证，否则无条件拒收。

（2）将所需食材的标准，包括色泽、味道、质感及形状等写在购料单上，提前发给供应商，要求供应商必须按照购料单进行送货，达不到要求的食材拒绝进入厨房。

（3）对于采购回的食材，必须做到先进先出、荤素分开；对于未加工的食材与加工后的食材要分开存放。

3．加工管理标准化

（1）厨师长应定期对食材加工人员进行培训，确保日常加工的人员掌握加工标准。

（2）加工过程中，需要使用工具的必须使用，严禁根据自己的经验或者直觉进行加工，必须确保加工过的成品或者半成品不浪费。

（3）电子秤、小台秤等工具是不可或缺的计量工具。

4．配菜管理标准化

（1）配菜要严格按照标准菜单进行分量配制，即使是无关紧要的配料，也不能随意更换。

（2）配菜时，必须使用称量工具，将食材用尺子丈量后，按照实际情况进行切配，再放入保鲜袋中保存起来。

（3）正常菜品在开餐前仅配制 3~5 份，其余菜品在接到订单后方可配制，以确保菜品的新鲜与安全。

（4）厨师长对配菜工作随时进行抽查，如遇到漏配、错配等情况，则对责任人进行相应的处罚。

5．烹饪管理标准化

（1）制作菜品时，必须按照标准菜单中明确标注的主配料进行操作。出菜口有专人进行质量监督，对与标准菜单上的图片不一致的菜品立即退回。

（2）烹饪菜品时，要严格督促厨师按照标准规范操作，并实行日抽查考核制度，以定厨、定炉、定时的办法来保证菜品质量。

（3）菜品装盘前，必须保证菜品的成熟度、色泽、味道、质地等与标准菜单中所标注的一致。

（4）菜品装槽时，要严格按照标准菜单上的图片和说明进行操作。

6．注意事项

（1）厨房各工作人员严格按照标准进行工作，一旦因个人原因造成顾客投诉或者菜品质量出现问题给餐厅带来重大损失的，餐厅有权追究责任。

（2）餐厅管理人员可以用程序控制法和责任控制法对厨房现场操作程序进行监督，明确操作标准。

（3）餐厅管理人员应对某些容易出现生产问题的环节进行重点管理，及时总结经验教训，找到预防问题的办法，以防患未然，避免出现生产质量问题。

7．5．3　设备操作管理规范

对厨房设备的管理，关系到员工的人身安全与整个餐厅的正常运营。因此，餐厅管理人员应以设备操作管理规范来严格要求厨房人员，以防范意外事故的发生。以下是设备操作管理规范，仅供参考。

设备操作管理规范
第 1 章　总则
第 1 条　为了确保厨房设备的安全操作与餐厅的正常运行，特制定本规范。
第 2 条　本规范适用于厨房设备操作工作的管理。
第 2 章　蒸汽类设备操作规范
第 3 条　蒸汽类设备包括蒸箱、蒸车、蒸汽消毒柜、洗碗消毒机等设备。
第 4 条　为确保安全，蒸汽类设备必须由专人使用、保养，未经批准，他人不得使用。
第 5 条　随时检查设备性能完好情况，发现异常时应停止使用，及时报告管理人员。
第 6 条　厨房人员应随时清洁蒸汽类设备，做好设备内外卫生工作，保证食品卫生。
第 7 条　使用蒸汽灶具时，先缓慢打开进汽阀门，再打开疏水阀门疏水，操作过程中应戴好手套，避免烫伤。
第 8 条　使用蒸汽灶具时，进汽阀门不能开得过大，要控制蒸汽压力在一定范围内。
第 9 条　蒸汽灶具在工作时，严禁开盖、开门。
第 10 条　蒸汽类设备负责人应熟悉设备的性能特点、使用方法和维护要求。
第 11 条　厨房人员上下班前后必须认真检查蒸汽类设备的完好情况与运行情况。

（续）

第 12 条　若在使用过程中发现漏气，要及时通知检修部进行维修，并告知相关人员不要误触。

第 3 章　加工类设备操作规范

第 13 条　加工类设备包括和面机、馒头机、饺子机、绞肉机等。

第 14 条　加工类设备应安排专人使用、保养，未经批准，他人不得使用。

第 15 条　设备操作人员一律穿戴工作服与工作帽，女性操作人员必须将长发盘进工作帽内，机器没停稳前不得将手伸入机器内。

第 16 条　设备正式开始运行前，应擦干手再按电门，以免触电。

第 17 条　应确保设备各零件无损坏，电源线、开关、接地线等完好无损，各防护罩齐全，并在设备试运行且无异常现象后方可投入使用。

第 18 条　按照规定适量放置配料，不得超负荷操作，以免损坏设备。

第 19 条　操作时，应集中注意力，不可擅自离开岗位，严禁在工作时打闹说笑或做其他与操作无关的事。

第 20 条　设备运转时，有盖子的设备应盖好盖子，严禁无盖运转，严禁将手臂伸入工作箱内，进行进料、出料操作前，必须先停机关闭总电源。

第 21 条　如有设备运转不正常或有异常声响时，应立即停机并切断电源，请维修人员检修，故障排除后，方可继续运行设备。

第 22 条　工作结束后，要先关闭电源，再将锅内的残余物清理干净。

第 4 章　冷冻类设备操作规范

第 23 条　冷冻类设备有冰箱、冰柜等。

第 24 条　冰箱、冰柜中不得存放私人物品。

第 25 条　冷冻类设备由专人负责管理，他人不得使用。

第 26 条　食物要表里冷却到常温后才能存入冰箱，要严格做到生熟食品分开存放。

第 27 条　食物要码放整齐，不要重叠，避免冷冻不到位。

第 28 条　食物要做到先进先出，设备操作人员要经常检查，防止食物变质。

第 29 条　注意清洁卫生，定期清理、除霜，保证冰箱、冰柜内无腥臭味。

第 30 条　每天上午对冰箱、冰柜检查一次，查看控制温度，若发现异常情况应及时报修，因不负责任造成的损失由当事人承担。

第 31 条　操作人员不得私自拆卸冰箱、冰柜上的任何部件，如发生故障，及时通知维修人员，故障排除后，方可运行设备。

第 32 条　应经常检查冰箱、冰柜的电源线、开关、接地线及各部位的防护罩是否完好无损和牢靠，避免出现意外情况。

第 5 章　附则

第 33 条　本规范由 ×× 部负责编制、解释与修订。

第 34 条　本规范自 ×× 年 ×× 月 ×× 日起生效。

第8章
餐饮成本与费用

8.1 餐厅成本控制

8.1.1 食材成本控制

食材成本是餐饮的主要成本，包括主料成本、辅料成本和调料成本。食材成本通常由食材的采购量和消耗量两个因素决定。因此，食材成本控制主要包括食材采购成本控制和食材使用成本控制。

1. 食材采购成本控制

食材的采购环节是食材成本控制的源头，食材采购成本控制涉及以下六个方面的内容。

（1）制定采购预算。餐厅在采购前可以对要采购的食材进行估算和预测，保证各种所采购食材的成本都在预算范围内。

（2）遵循一定的采购原则。食材的采购应在保证质量的基础上，遵循同价论质、同质论价、同价同质论费用的原则。

（3）控制高价急采。餐厅采购部要严格控制因生产急需而临时采购高价食材的现象。

（4）制定食材采购的管理制度。餐厅采购部要通过规定食材采购预算、控制食材采购的运杂费等管理制度降低食材的采购成本。

（5）降低运输包装成本。采购过程中应尽量减少中转环节，优选运输方式和运输路线，提高装载技术水平，避免过度包装等。

（6）建立稳定的供应关系。供应商是整个食材采购活动中非常重要的部分，在选择供应商方面，餐厅要选择供货质量较好、能及时出货、信誉度较高的供货商，以建立稳定的供应关系。在供应商数量方面，餐厅要进行多渠道采购，以降低供应风险。

2. 食材使用成本控制

食材使用成本控制涉及以下三个方面的内容。

（1）规范食材领用制度。厨房根据食材的消耗定额填写领料单，在规定的限额内领用一定数量的食材。

（2）严格控制食材使用流程。厨师长要严格控制食材的使用情况，及时发现食材超量和不合理使用的情况。一旦发现问题，管理人员就要分析原因，并采取有效措施，以及时纠正。

（3）实施日报和月报制度。为了实时掌握食材的使用情况，做好食材使用成本控制，管理人员和厨师长应实施日报与月报制度，必要时要求厨房人员按工作班次填报。

8．1．2 储存成本控制

任何企业都需要有一定的原材料储备，以满足生产经营的需要，餐饮企业尤其如此。餐饮需求具有不确定性，餐饮产品不能像工业产品那样可以按订单生产。因此，储存足够的原材料以满足经营所需对于餐饮企业来说就显得尤为重要。

餐饮企业使用的原材料具有很强的时效性，储存时间不能过长，储存期间容易变质或损坏。如果原材料在储存期间发生了毁损，即使企业前期很好地控制了采购成本，也不能达到控制成本的目的。因此，在保证原材料质量的同时有效控制储存成本，是餐饮企业进行成本控制的一个重要环节。储存成本控制主要涉及以下两个方面内容。

1. 严格控制采购物资的库存量

这是指根据不同服务区的经营情况合理设置库存量的上下限，从降低库存量和库存单位价格方面着手控制储存成本。因为库存不仅占用空间、资金，而且会产生搬运和储存需求，侵蚀企业资产。随着时间的推移，库存会毁损，管理人员要及时分析滞销菜品情况，避免原材料变质造成的损失。

2. 建立严格的出入库及领用制度

这是指制定严格的库存管理出入库手续及各部门原材料的领用制度。餐饮企业经营所需购入的物资均须办理验收入库手续。所有的出库须先填制领料单，由部门负责人签字后生效，严禁无单领料或白条领料，严禁涂抹领料单。由于领用不当或安排使用不当造成霉变、过期等浪费现象，一律追究相关人员的责任。

8.1.3　人工成本控制

人工成本在餐饮成本中占有较大的比例，对人工成本进行控制可以有效降低餐饮成本。现代化的餐饮经营和管理应从实际生产与技术出发，制定合理的人工成本战略，充分挖掘员工潜力，合理进行定员编制，控制非生产和经营用工，防止人浮于事，以定员、定额为依据控制餐饮生产和经营员工人数，使工资总额稳定在合理的水平上。

人工成本的控制措施有以下四种。

1．制定人工成本战略

餐饮企业应制定适合自身发展的人工成本战略，力求绝对人工成本（人均人工成本）等于或高于行业平均水平，相对人工成本（人事费用率）不高于行业平均水平，在确保薪资优势的同时降低总体人工成本。

2．用工数量控制

在人工成本控制中，管理人员要先控制用工数量，也就是控制工作时间。做好用工数量控制的关键在于尽量减少缺勤工时、停工工时、非生产工时和服务工时等，提高员工出勤率、劳动生产率及工时利用率，严格执行劳动定额制度。

3．工资总额控制

为了控制好人工成本，管理人员应控制好餐饮企业的工资总额，并逐日按照每人每班的工作情况进行实际工作时间与标准工作时间的比较和分析，做出总结和报告。

4．合理配置人员

餐饮企业应根据工作内容和性质合理进行人员配置，对于简单体力劳动的工作应尽可能地聘用经济型员工，也可将普通岗位的人员招聘和管理外包给劳动中介机构，以合理减少人工成本支出。

人工成本控制管理流程，扫描下方二维码即可查看。

8.1.4　生产加工成本控制

食品原料的初步加工、切配、烹调、装盘等生产加工环节对餐饮企业的食品成本有着很大影响。制作人员一时疏忽，或温度、时间控制不当，或分量计算错误，或处理方式失当，都会造成食物的浪费，从而增加成本。因此，在生产加工的各个环节采取一定措施，可以有效控制成本。

生产加工成本控制措施涉及以下四个方面内容。

1．建立生产标准

建立生产标准可以有效控制生产加工成本。生产标准的具体说明如表 8-1 所示。

表 8-1　生产标准说明

生产标准	具体说明
加工标准	规定原料用料的数量、质量标准等，从而制定出原料净标准、刀工处理标准、干货涨发标准等
配置标准	规定菜品制作用料品种、数量标准，并按人体所需的营养成分进行原料配制
制作标准	对加工和配制好的半成品、加热成菜规定调味品的比例，以使菜品色、香、味、形俱佳
菜品标准	制定统一的标准、制作程序、器材规格和装盘形式，制作标明质量要求、用餐人数、成本、利润率和售价的菜谱

2．加工、切配环节的控制

（1）切配过程中杜绝出现重复、遗漏、错配、多配等现象，切配人员应按标准菜谱、用餐人数进行称量，做到称料下锅、配比合理，严格按配置标准控制主料、辅料的配比，这样既能避免食材的浪费，又能保证菜品的质量。

（2）原料加工要满足制作要求，做到切配合理，物尽其用，并充分利用加工后的边角余料，减少浪费。

（3）根据当日的加工需求，荤素料的加工尽可能做到集中加工，特别是荤料的集中加工，以减少不必要的浪费，最大限度地提高成品率。

3．烹调环节的控制

（1）根据每道菜品的特性使用合理的烹调方法，包括烹调时间、火力大小等。

（2）合理使用调味料，符合菜品的加工标准，合理控制用量。

（3）从厨师制作的操作规范、出菜速度、成菜温度、销售数量等方面加强监控。

（4）严格督导厨师按标准规范操作，实行日抽查考核。

（5）用定厨、定炉、定时的办法控制、统计出菜速度、数量和质量，确保成本降低。

4．装盘环节的分量控制

餐饮企业中有不少菜点是成批烹制而成的，这就要求装盘人员按标准菜谱规定的份数进行装盘，以控制生产加工成本。

8.1.5 餐饮能源成本控制

能源成本是餐饮生产和经营中不可忽视的成本，尽管它在一道菜品中可能占有很小的比例，但是，它在一个餐厅的经营中却占有一定的比例。控制能源成本的关键在于培养员工的节约意识，通过培训的方式使其懂得节约能源的方法。

管理人员还应当经常对员工的节能工作和效果进行检查、分析和评估，并提出改进措施。此外，控制能源成本与制定厨房节能措施分不开。

1．培养员工节能意识

定期开展员工节能意识的培训，通过不同的培训方案，增强员工的自律意识、节约意识，培养员工良好的工作习惯，只有这样才能做好节能降耗工作。

2．制定厨房节能措施

餐饮企业应制定具体的厨房节能措施，以降低能源成本，具体内容如下。

（1）不要过早地预热烹饪设备，通常在开餐前 15~20 分钟进行。

（2）一些烹饪设备，如烹饪灶、扒炉和热汤池柜等，暂时不需要工作时，应将其开关关闭，避免无故消耗能源。

（3）油炸食品时，应先将食品外围的冰霜或水分去除，以减慢油温下降的速度。

（4）使用带有隔热装置的烹饪设备，可以提高烹饪效率，节约 25% 的烹饪时间。

（5）制作烤制食品时，尽量集中使用烤箱，以节约能源。

（6）待食物摆放在烤箱中时，应使被烤食物保持一定距离，以起到保持热空气流通、加快菜品的烹饪速度的作用，一般的间隔距离是 3 厘米。

（7）用煮的方法制作菜品时，不要放过多的液体或水，避免浪费更多热源。

（8）厨房中使用的各种烹饪锅都应当比西餐灶的燃烧器的尺寸略大些，这样可充分利用热源。

（9）向冷藏柜中存放食品或从冷藏柜中拿取食品时，最好集中时间，尽量不分散，以减少打开冷藏柜的次数。

（10）不需要用冷水、热水时，一定要将水龙头关好。

3．定期进行费用差异分析

为了确保餐饮企业的水电及燃料消耗控制在月度消耗标准之内，餐饮企业应认真记录各项费用的实际消耗量并与标准对照，如发现有差异，应进行仔细的分析，找出原因，并采取有效的措施。

8.2 餐饮费用控制

8.2.1 餐饮营销费用控制

餐饮营销的目的是突破现有经营障碍,为顾客创造新鲜感、新奇感,从而为餐饮企业创造更多的利润。企业任何经营活动都是以创造利润为目标的,餐饮营销活动也不例外。面对各式各样的营销活动,对餐饮营销费用进行控制就显得异常重要。

1. 利用菜单设计控制营销费用

利用菜单设计进行营销费用控制是常见的方法之一,菜单设计的好坏直接影响餐厅的整体经营成本。科学的菜单设计,既有益于餐饮销量的增加,扩大餐饮收益源,又有益于降低餐饮成本。利用菜单设计控制营销费用可以从以下三方面进行。

(1)菜单形式的选择

菜单的材质、颜色和印刷字体等都应依据餐厅的定位和风格确定,不同定位的餐厅应依据餐厅的类型采用合适的菜单设计方法。在设计制作菜单以前,管理人员应聘请专家指导,依据管理部门对毛利率、菜单等方面的实际需求进行设计。

(2)科学的菜品定价

菜品的定价是否合理,影响着菜品进入市场的速度和企业的收入及利润。科学的菜品定价应在计算单位菜品原料成本时,先将主料、配料、调料的成本相加,获取一个基本价格,然后参照同行业价格确立参照价格,最后考虑餐厅定位、环境和服务等要素确立竞争价格,并依据顾客心理需求确立最终的价格。

(3)采集信息,调整菜单

服务人员在为顾客点菜时,要注意观察顾客点菜时的爱好,以及顾客用餐时和用餐结束后的反应,定期将反馈信息汇总上报。要对顾客剩余量较大的菜品进行剖析,查找原因,为改良菜单提供依据。

2. 利用推销技巧控制营销费用

不一样的菜品,收益率是不一样的。要增加收益,餐饮企业就应提高高收益率菜品的销售量。

3. 通过加强优惠活动监管控制营销费用

在营销费用控制工作中,餐饮企业还要注重对销售折扣的管理和监督。餐饮企业的营销活动种类繁多,如超低价折扣、啤酒免费喝或者直接赠送代金券等。只有加强对优惠活动的监管力度,餐饮企业才能避免因为优惠活动设置的漏洞造成的经济损失。

特别是在代金券管理中,餐饮企业要将代金券连号管理,对制作、收货、领用、发放、回收等各环节建立收发存明细分类账，杜绝代金券流入员工手中，防止员工在结账时利用代金券贪污营业款。

8.2.2　餐饮设备费用控制

餐厅的设备比较多，特别是综合性餐厅，设备的投资和维修费用是餐厅的一项重要支出。餐饮设备费用控制主要从以下两方面进行。

1．设备采购费用的控制

餐饮企业在进行设备采购时，应进行充分的市场调研，了解不同供应商的供货价格，采取合理的采购方式，尽量采购使用时间长、可以节省能源的设备，以降低设备采购费用。

2．设备维护保养的控制

（1）建立预防性维护体系

没有良好的预防性维护体系，等到设备出现故障时再修理，不但要花费大笔的修理费，还会缩短设备的使用寿命，更严重的还会影响餐厅的正常经营，甚至造成经营中断。因此，餐饮企业对餐饮设备费用进行控制时要注意建立预防性维护体系。

（2）制定设备使用标准与规范

制定好设备的使用标准与规范后，工作人员在日常使用设备时应严格按规程操作。除此之外，设备维修人员应不断巡查，以便在设备出现小毛病时就将设备修好，避免出现跑、冒、滴、漏现象。

8.2.3　餐饮装修费用控制

餐厅在进行装修的时候，合理地控制装修费用也是餐饮费用控制中非常重要的一个环节。餐饮装修费用的控制通常从以下四个方面进行。

1．装修材料费用控制

在装修过程中，装修材料费用在整体装修费用中占较大比例。因此，餐饮企业在选购装修材料时要充分进行市场调研，了解不同装修材料在质量和价格方面的差别，避免买到质量差、价格高，或质量好但价格虚高的装修材料，导致装修预算严重超支。

2．装修设计费用控制

装修设计可分为两种形式：一种是为了控制成本，餐厅经营者自行设计；另一种是餐厅为了更好地呈现某种主题和特点，聘请专业的设计师设计。

在一般情况下，装修设计费用占装修费用的 15%~20%。因此，如果餐厅需要请专业的设计师来设计，则要考虑装修设计费用。另外，当设计师提交了设计方案后，餐厅经营者要与设计师进行深入讨论，以防止施工后的效果和餐厅的要求不相符，引起不必要的矛盾和纠纷，大大增加时间和资金成本。

3. 装修过程费用控制

装修过程费用是整个餐饮装修费用中弹性最大的一部分。为了有效控制装修过程费用，餐厅经营者应在签订合同前确定装修合作形式，是全包还是半包。如果全包，合作双方应明确对装修材料和人工费用、装修完成时间进行约定。

4. 装修面积费用控制

为了避免部分装修公司为获得额外的利润而在报价时夸大餐厅装修面积，导致装修费用增加，餐厅经营者应提前测量店面墙壁和地板面积，然后查看其与装修合同中列出的餐厅装修面积是否一致。在装修过程中，如果之前约定的事情出现误差，餐厅经营者应及时与装修公司沟通。

8.2.4 餐饮低值易耗品费用控制

餐饮低值易耗品费用在餐饮费用中占比不小，餐饮企业应规范低值易耗品的日常使用，进行量化控制与管理，减少低值易耗品的破损与无故流失，控制破损数量，最大化减少各种低值易耗品破损所产生的费用，从而降低成本。

餐饮低值易耗品包括一次性使用产品、餐巾纸、洗涤剂、拖把、胶皮刮子、抹布、胶手套、清洁球、冰盒等，虽然每件低值易耗品的价格都比较低，但是每个月低值易耗品的总费用却很高。

餐饮低值易耗品费用控制可从一次性使用产品的控制和可重复使用产品的控制两个维度开展。

1. 一次性使用产品的控制

一次性使用产品包括餐巾纸、牙签、一次性筷子、洗涤剂、卫生纸等，这些低值易耗品价格低，因此其费用往往被餐饮企业忽略。大型餐饮企业对这些低值易耗品的消耗较大，要控制一次性使用产品的消耗量，就必须做到节约，专人、专管、专盯，计算好使用量，具体措施如下。

（1）严格按照规定填写一次性使用产品每日登记表。

（2）摆台后未曾使用的一次性使用产品必须回收。

（3）所有岗点必须专设存储低值易耗品的地方，并有效分类，杜绝因存放不当造成变质或类似事件发生。

（4）拆开的一次性使用产品必须归类集中放好，不得随意放置，以免流失。

（5）低值易耗品的领用要有计划、有根据，可按需领用或按月领用，严禁一次超领。

2．可重复使用产品的控制

可重复使用产品包括桌布、口布、小毛巾、陶瓷器具、玻璃器皿等。餐饮企业可通过正确的控制措施降低可重复使用产品的损坏率，延长其使用寿命与次数，达到节约成本的目的。

（1）在订购餐具时，不能只考虑其外观，还要考虑其实用性。

（2）餐饮企业一定要购买便于保存、运输、洗涤的餐具。

（3）盘子应尽可能选择圆形的，圆形盘子的使用寿命相对较长。有些形状特别的餐具容易破碎，会给清洗工作带来一定的难度。

（4）玻璃器皿易碎，其数量应控制在餐具总数的 25% 以下。

（5）严禁员工以任何理由私用客用低值易耗品。

8.3　餐饮成本与费用分析

8.3.1　成本差异分析

餐饮企业出于经营管理的需要，应建立成本标准卡，并定期对实际成本与标准成本进行比较，发现差异后及时采取改善措施，以有效控制成本。当实际成本与标准成本出现差异时，餐厅经营者需要思考以下两个方面的问题。

1．成本标准卡的建立是否合理

建立成本标准卡之初会存在一些考虑不周的情况，餐厅经营者在建立成本标准卡的过程中应依据标准成本与实际成本的偏差值不断对成本标准卡进行修正，使成本标准卡尽可能准确。

2．实际操作中的偏差

实际操作中的不确定性导致成本标准化难度较大，实际成本不太可能与标准成本完全一致。因此，在制定成本标准卡时，餐厅经营者需要根据实际情况确定一个合理的误差范围。

一旦实际误差超出了合理的范围，餐厅经营者就要分析产生误差的原因并采取相应的改善措施。一般来说，对于产生成本差异的原因，餐饮企业可以从厨房管理、采购管理、库存管理和销售管理四个维度进行分析，具体如表 8-2 所示。

表 8-2　成本差异分析说明

分析维度	具体说明
厨房管理	厨房的生产管理控制不力，造成食品原料耗用成本增加，导致生产经营成本增加
	厨房库存管理不严谨，缺乏专人管理，造成食品原料被盗用或食品原料的损耗量增加，人为增加生产经营成本
	厨房领料或直接采购过多，造成厨房积压食品原料过多或生产过剩，造成浪费，导致成本增加
采购管理	采购以次充好、缺斤短两，验收监管不严，导致食品原料质次价高、数量短缺，从而增加生产经营成本
库存管理	库房管理混乱，储存条件较差，导致易坏性食品原料损坏率上升，从而增加生产经营成本
	库房对发料管理松懈，缺乏严格的制度控制，导致物品被轻易偷盗挪用，从而增加生产经营成本
销售管理	餐厅对高价菜品、酒水推销不力，虽然餐厅的总销售量很高，但售出的主要是低毛利率的菜品，导致企业总成本增加、利润减少
	由于前来餐厅就餐的客源情况发生变化，如客人人数减少、客人平均消费额减少，导致餐厅内主要目标客源偏好的菜品偏向低毛利率的菜品，餐厅高毛利率的菜品滞销，从而增加生产经营成本

8.3.2　原料结构分析

餐饮行业使用的原料主要有蔬菜、水果、鲜肉、冻品、海鲜等，还有一部分预包装的调味品。

1．主料成本分析

主料成本分析主要从以下四个方面进行。

（1）毛料。毛料是指未经加工处理的食品原料，即原料采购回来的市场形态。

（2）净料。净料是指经加工后可用来搭配和烹制的半成品。

（3）起货成本。起货成本是指毛料经加工处理后成为净料所花费的费用，又称为净料成本。

（4）起货成率。起货成率是指净料重量占毛料重量的百分比，又称为净料率。

2．辅料成本分析

辅料成本又称配料成本。辅料是菜品中的辅助原料，在菜品中起着衬托主料的作用。辅料成本分析主要分析辅料成本在菜品成本中所占的比例。

3．调料成本分析

调料在菜品中的使用量直接影响菜品的定价。懂得分析调料成本有助于餐饮企业控制菜品成本。对于不同的调料，分析方法有所不同，餐饮企业需要分别进行分析。调料成本分析主要从复合调料和单件调料两方面进行。

8.3.3 销售结构分析

成本分析有时会对菜品的销售产生直接影响。只有了解餐厅的销售结构，掌握当期各种客源对餐厅营业额的贡献占比，餐厅经营者才可以据此调整销售策略，增加餐厅营业额。

销售结构分析的具体内容如表 8-3 所示。

表 8-3 销售结构分析内容

分析维度	具体内容
产品的实际销售结构与设计结构	◆ 产品的实际销售结构与设计结构是否一致，不仅是餐厅的经营定位是否准确的判断标准，也是评估餐厅经营效果的重要依据 ◆ 在销售结构分析中，产品结构分析主要包括产品类别分析、产品售价分析、桌均产品组成分析等，以此判断产品结构对营业额的影响
菜品销售结构占比	◆ 对餐厅菜品的畅销程度和毛利率进行分析，确定哪些菜品畅销且毛利率高；哪些菜既不畅销，毛利率又低；哪些菜品虽然畅销，但毛利率很低；哪些菜虽不畅销，但毛利率较高 ◆ 菜品销售结构分析不是将所有的菜品放在一起分析，而是按类别进行分析。中餐菜品可分四类：冷盘、热菜、汤类、面类。西餐菜品可分六类：开胃品、汤类、色拉、主菜、甜食、饮料 ◆ 餐厅经营者可以列出每个菜品的标准成本和实际销量，根据毛利率推出最优的成本结构，与之对应的自然就是最优销售组合
客源构成分析	◆ 按照宴会、团队、会议用餐（场地租金）、散客对客源予以划分，餐厅经营者就可掌握当期各种客源对餐厅销售的贡献 ◆ 将每种客源带来的营业额与上月（上一年）同期比较，发现每种客源的潜力
人均消费	◆ 人均消费不仅直接对营业额产生影响，也反映了顾客的消费能力，以及企业经营定位和实际客群的匹配程度 ◆ 人均消费的分析内容包括人均点餐数量、客流类型、人均消费分层等
桌均消费	◆ 桌均消费是衡量餐厅经营定位的关键数据，同时是判断销售结构与客群结构是否匹配的关键数据之一 ◆ 桌均消费的分析内容主要包括桌均点餐数量、客流类型、客位类型等
开台数据	◆ 开台数据的分析依据为客流波动 ◆ 开台数据分析的内容包括餐厅桌型、餐台量、餐台容客量等，在营业额的产生过程中，开台数据的对比分析通常包括开台量分布分析、开台时段分析等
翻台数据	◆ 翻台数据是反映店面经营效率的直接数据，同时能反映店面接待能力 ◆ 在营业额的产生过程中，翻台率越高即营业额越高，翻台率主要受就餐时长与出品效率影响
上座率	◆ 上座率多与餐厅的经营定位及餐台的设计直接相关，其是客流定位与客流类型匹配度的体现，在销售结构分析中也是一项重要参考数据 ◆ 在营业额的产生过程中，同等条件下，上座率越高所能产生的营业额也越高，如何提高上座率是餐厅增加营业额的关键

第9章
食品安全管理

9.1 食品安全管理体系设计

9.1.1 食品安全标准

在餐饮服务过程中，采购、运输、验收、贮存、加工、烹饪、供餐、配送、清洁等环节都有相应的安全标准，以保障食品安全，具体内容如表9-1所示。

表9-1 食品安全标准

环节	具体标准
采购	要依法采购取得许可资质的供应商生产经营的食品、食品添加剂及相关产品
运输	◆ 根据食品特点选择适宜的运输工具，必要时应配备保温、冷藏、冷冻、保鲜等设施 ◆ 运输前，应对运输工具进行清洁，必要时还应进行消毒，防止食品受到污染 ◆ 运输中，应防止食品包装破损，保持食品包装完整，避免食品受到日光直射、雨淋和剧烈撞击等
验收	◆ 食品原料必须经过验收后方可使用 ◆ 应尽可能缩短冷冻（藏）食品的验收时间，避免其温度发生较大变化
贮存	◆ 食品原料、半成品、成品应分开贮存。贮存过程中，食品应与墙壁、地面保持适当距离 ◆ 贮存过程应达到保证食品安全所需的温度、湿度等特殊要求 ◆ 按照先进、先出、先用的原则，使用食品原料、食品添加剂和食品相关产品
加工	◆ 加工前要对食品原料进行洗净 ◆ 对经过粗加工的食品做好防护，防止污染 ◆ 对生食蔬菜、水果和生食水产品原料，要在专用区域或设施内清洗处理，必要时进行消毒

环节	具体标准
烹饪	◆ 要掌握食品烹饪的温度和时间，杜绝食品在烹饪过程中产生有害物质 ◆ 食品煎炸所使用的食用油和煎炸过程中的油温应当有利于减缓食用油在煎炸过程中发生劣变，煎炸用油不符合食品安全要求的应及时更换
供餐	◆ 供餐过程中，应采取有效防护措施，避免食品受到污染 ◆ 与食品接触的垫纸、垫布、餐具托、口布等物品要一客一换。撤换下的物品应清洗消毒，一次性用品应废弃
配送	◆ 根据食品特点选择适宜的配送工具，必要时应配备保温、冷藏等设施 ◆ 配送过程中，原料、半成品、成品、食品包装材料等应使用容器或者独立包装等进行分隔。包装应完整、清洁，防止交叉污染
清洁	◆ 餐具消毒设备和设施应正常运转 ◆ 消毒后的餐具应存放在专用保洁设施或者场所内。保洁设施或者场所应保持清洁，防止清洗消毒后的餐具受到污染 ◆ 应按照洗涤剂、消毒剂的使用说明进行操作

9.1.2 HACCP 体系

HACCP 是 Hazard Analysis Critical Control Point 的英文单词缩写，意思为危害分析的关键控制点。HACCP 体系是国际上共同认可和接受的食品安全保证体系，主要是对食品中的生物性、化学性和物理性危害进行安全控制。

HACCP 体系的建立要遵循一定的步骤，具体如图 9-1 所示。

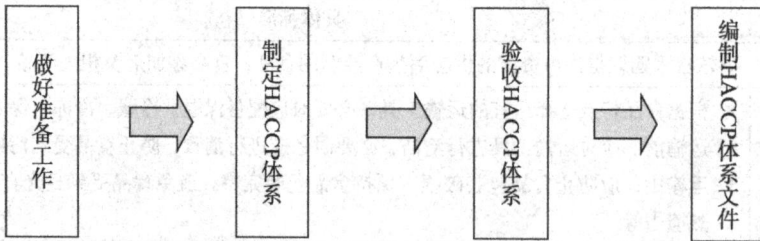

图 9-1　HACCP 体系建立步骤

1. 做好准备工作

一是做好人员的准备工作，成立 HACCP 小组，对小组成员进行 HACCP 知识培训。二是做好采购 HACCP 体系设备、制定卫生标准的准备工作。

2. 制定 HACCP 体系

根据相关标准，制定企业的 HACCP 体系。

3．验收 HACCP 体系

确定 HACCP 体系编制的科学依据及验证 HACCP 体系的实施，特别是各个关键控制点在操作过程中的控制情况。

4．编制 HACCP 体系文件

编制 HACCP 体系文件，将 HACCP 体系通过具体文件明确表述，包括 HACCP 手册、HACCP 程序、支持文件、记录等。

9.1.3　食品溯源管理

为了能及时追踪食品的溯源地，使食品的整个生产经营活动始终处于监控之中，保证食品安全，餐饮企业需要借助互联网、大数据等信息技术建立一个食品溯源平台，以实现一键查询食品的溯源信息。

餐饮企业不仅要从供应链的上游到下游进行食品跟踪，还要有溯源能力以追溯食品的来源。餐饮企业主要通过以下五个步骤对食品进行溯源管理，具体如图 9-2 所示。

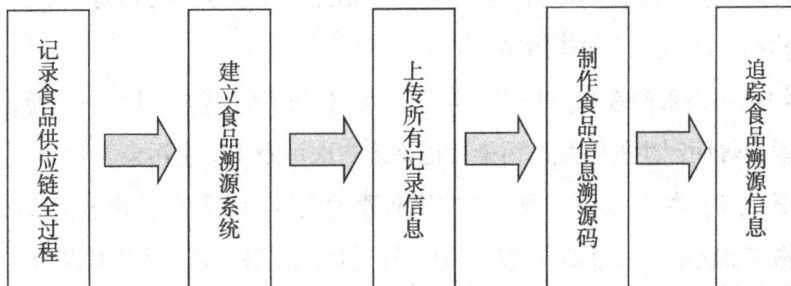

```
┌────────┐   ┌────────┐   ┌────────┐   ┌────────┐   ┌────────┐
│记录食品  │   │建立食品  │   │上传所有  │   │制作食品  │   │追踪食品  │
│供应链全  │→ │溯源系统  │→ │记录信息  │→ │信息溯源  │→ │溯源信息  │
│过程     │   │         │   │         │   │码       │   │         │
└────────┘   └────────┘   └────────┘   └────────┘   └────────┘
```

图 9-2　食品溯源步骤

1．记录食品供应链全过程

记录食品产生、供应、仓储、承运、配送及销售的全过程，并保存所有食品信息，以备查询。

2．建立食品溯源系统

建立餐饮企业内部的食品溯源系统，并建立相应的信息数据中心，以随时对食品溯源信息进行审查和监管。

3．上传所有记录信息

及时将食品的全过程信息上传到食品溯源系统中，做到对每一个食品都能查到它的全部溯源信息，以保证食品的安全。

4．制作食品信息溯源码

为采购回来的食品制作食品信息溯源码，并将其张贴在食品包装外侧。制作食品信息溯源码时，主要根据食品溯源系统内的信息进行制作。

5．追踪食品溯源信息

发生食品安全事故或者是对食品进行检查时，通过仪器扫描，即可将该食品的全部溯源信息展示出来，这有利于工作人员进行追踪和溯源。

9．2　餐饮业食品安全危害及预防

9．2．1　生物性危害及预防

食品中的生物性危害是指生物（尤其是微生物）本身及其代谢产物（如霉素）对食品原料、加工过程等的污染。

以微生物为例，微生物污染食品的途径主要有内源性污染和外源性污染。

内源性污染是指作为食品原料的动植物在生活过程中由于本身带有微生物而造成的食品污染，也称第一次污染（初始污染）。

外源性污染是指食品在生产加工、运输、贮藏、销售、食用过程中，通过水、空气、人、动物、设备等而产生的微生物污染，也称第二次污染（次生污染）。

生物及其代谢产物污染食品的形式主要有通过土壤和水污染，通过空气和尘埃污染，通过人及动物接触污染，通过动物饲料污染，通过加工设备、容器或用具及包装材料污染。

对于食品的生物性危害，餐饮企业要做好预防措施，具体如表9-2所示。

表 9-2　生物性危害的预防措施

生物性危害	预防措施
微生物	◆ 防止食品污染、二次污染和交叉污染 ◆ 控制细菌的生长与繁殖 ◆ 食用前彻底加热，杀灭食品中的病菌
霉素	◆ 降低温度 ◆ 通风，保持干燥，控制环境水分 ◆ 减少氧气含量
寄生虫	◆ 不向顾客售卖生的或者半生不熟的海鲜制品 ◆ 在食品加工过程中，要使烹饪温度达到一定的程度，以保证杀死寄生虫 ◆ 使用冷冻手段杀死寄生虫
昆虫	◆ 保持环境卫生 ◆ 使用化学药剂

9.2.2　化学性危害及预防

食品的化学性危害是指因食品中的天然有害物质和有害的化学物质污染食品而引起的危害，包括常见的食品化学性中毒。

化学性危害的预防措施如表 9-3 所示。

表 9-3　化学性危害的预防措施

化学性危害	预防措施
食品中的天然有害物质	◆ 不购买含有天然有害物质的食品；不能判断食品是否含有天然有害物质的，要及时对采购的食品进行检验，若存在问题，应及时将食品退回 ◆ 不向顾客提供含有天然有害物质的食品 ◆ 制定毒素在食品中的限量标准，及时检测捕捞的海鲜所含的毒素量，采取合适的烹饪方法
农药残留	◆ 在采购食品时，要咨询食品原料的产地和生长情况，避免购买含有农药残留的食品 ◆ 加大对蔬菜、水果的清洗力度，使用专门的清洗剂进行处理
重金属	◆ 注意食品的存放环境，避免与有害金属同时储存 ◆ 避免在加工的过程中使用重金属加工设备
滥用食品添加剂和食品加工助剂	◆ 食品添加剂应有严格的质量标准，有害杂质不得超限量 ◆ 不得使用食品添加剂而降低卫生要求 ◆ 不得使用食品添加剂掩盖食品的缺陷或作为伪造的手段 ◆ 食品加工助剂在食品中的残留符合有关规定

9.2.3　物理性危害及预防

物理性危害主要来自多种非化学性杂物，主要为食品产、存、运等过程中的杂物污染和放射性污染，具体预防措施如表 9-4 所示。

表 9-4　物理性危害的预防措施

物理性危害	预防措施
食品杂物污染	◆ 改进工艺 ◆ 制定食品卫生标准 ◆ 打击掺杂使假
食品放射性污染	◆ 制定食品中放射性物质的限量标准 ◆ 定期进行食品检测

9.2.4　常见食源性疾病及预防

食源性疾病是指人体因摄入致病因素，患感染性的或中毒性的疾病，主要包含食物中毒、肠道传染病、人畜共患传染病、食源性病毒感染及经肠道感染的寄生虫病五种。

由于食源性疾病是通过人体摄入所得，因此餐厅在制作食品的过程中要做好食品的安全卫生检查，避免顾客摄入不安全的食品。食源性疾病的预防措施主要有以下五种。

（1）不采购、不制作腐败变质、污秽不洁及其他含有害物质的食品。

（2）不出售在室温条件下放置超过两个小时的熟食和剩余食品。

（3）不随便将野菜、野果等作为顾客的食品，避免食物中毒。

（4）瓜果要清洗干净，避免农药残留。

（5）不提供不洁净的水或者未煮沸的自来水，避免水中含有病菌。

9.3　原材料与食品加工安全管理

9.3.1　原材料安全检测方法

为了从源头上保障食品安全，消除食品安全隐患，确保顾客食用安全健康的食品，保护顾客的生命健康安全，餐饮企业需要对采购的原材料进行安全监测。

由于餐饮企业的技术水平有限，有些原材料需要送到专业的检测机构或者政府安全检验部门进行检测。原材料安全检测方法主要有以下五种，如表9-5所示。

表9-5　原材料安全检测方法

方法	概述	用途	优点	缺点
感官检测法	通过人体器官的感觉定性检查和判断原材料，如看、闻、品尝	适用于通过感官可以检测出结果的原材料	检测成本较低，检测速度快	误差比较大
色谱检测法	两相（固定相、流动相）做对运动时，通过分配达到各物质被分离的目的	适用于天然毒素、农药、食品添加剂、兽药等的检测	检测灵敏度高、分离效率高、样品用量少、方便快捷等	定性能力较差
光谱检测法	通过辐射能与物质组成和结构之间的内在联系及表现形式，以光谱测量为基础进行推测	适用于农畜产品的检测	检测时间短、分析成本低	前期投入较大
快速检测法	利用技术手段对危害指标进行定性检测	适用于需要进行紧急检测的原材料	检测速度快，周期短，结果准确、可靠，能有效消除安全隐患	费用高、操作烦琐
生物技术检测法	利用DNA技术、PCR技术、免疫技术等来检测原材料	适用于需要进行深度检测的原材料	灵敏度高、特异性强、分析容量大	成本较高

9.3.2　原材料安全管理办法

为了避免原材料安全事故影响餐饮企业的日常生产经营，使企业形象、口碑受损，与顾客发生纠纷，餐饮企业需要制定原材料安全管理办法。以下是原材料安全管理办法，仅供参考。

原材料安全管理办法

第1章 总则

第1条 为了进一步保证原材料在采购、贮存、使用、销售等环节的安全，提高顾客的满意度，增加企业的利润，特制定本办法。

第2条 本办法适用于餐饮企业原材料的管理工作。

第3条 采购部负责原材料的采购工作，餐饮部负责原材料的验收、制作工作，仓储部负责原材料的储存工作，物流部负责原材料的配送和运输工作。

第2章 原材料采购安全管理

第4条 提前收集需要采购的原材料、供应商的信息，并对这些信息进行汇总。

第5条 评估原材料的质量、产地、规格、价格，以及供应商的供应能力、供货水平，评定原材料的安全性，确定目标供应商。

第6条 采购原材料时，要向供应商索取并仔细查验营业执照、食品生产许可证等相关证书，注意查验证件的有效期限，证件是否是伪造、涂改、借用的。

第7条 采购原材料时，要向供应商索取发票，并保留供应商真实有效的地址和联系方式，向供应商索取销售凭证，销售凭证上要注明原材料的名称、规格型号、数量、价格、采购日期等。

第8条 禁止采购腐败变质、掺杂使假、发霉生虫、有毒有害、不新鲜及无产地、无厂名、无生产日期和保质期或标志不清、超过保质期的原材料。

第3章 原材料配送安全管理

第9条 运输原材料时，要采用专门的运输工具，运输工具内要使用抗腐蚀、防潮、易清洁消毒的材料。运输冷藏、冷冻食品应使用专门的冷藏、冷冻设备或车辆。

第10条 运输原材料时，要将运输工具和容器清洁干净，并做到生熟分开，运输中要防蝇、防尘、防污染。在装卸所采购的食品时要讲究卫生，不得将食品直接与地面接触。

第11条 直接入口的散装食品，应当采用密闭容器装运。不得将直接入口的食品堆放在地面上或与需要加工的食品和半成品混放在一起，防止直接入口的食品受到污染。

第4章 原材料储存安全管理

第12条 仓库负责人须对入库的食品做好验收工作，并在食品台账上详细登记供货单位、产品名称、数量、批次、保质期等，相关证件应当保存一年以上；对于不符合要求的食品不得入库。

第13条 建立仓库进出库专人验收登记制度，做到勤进勤出和先进先出，定期清仓检查，防止食品过期、变质霉变和生虫，及时清理不符合卫生要求的食品。

第14条 食品与非食品应分库存放，不得与洗化用品、日杂用品等混放。

第15条 食品仓库应专用，设有防鼠、防蝇、防潮、防霉、通风的设施，并运转正常。食品仓库应经常开窗通风，定期清扫，保持干燥整洁。

第5章 餐饮人员安全管理

第16条 餐饮人员须持有健康证且在有效期内，方可从事餐饮活动。餐饮企业负责人应为餐饮人员建立卫生档案，并对餐饮人员的健康状况进行日常监督。

第17条 凡是患有疾病的人员不得从事餐饮工作。

第18条 餐饮人员应当认真学习有关法律法规和食品安全指示，掌握餐厅的卫生要求，养成良好的卫生习惯。

第19条 餐饮人员不得留长指甲、涂指甲油、戴戒指，不得在原材料加工或者销售场所内吸烟、吃东西、随地吐痰，不得穿工作服如厕。

（续）

第20条 不得面对食品做出打喷嚏、咳嗽及其他有碍食品卫生的行为，不得用手抓取直接入口的食品，使用后的操作工具不得随处乱放。

第21条 要注意个人卫生，养成良好的卫生习惯，穿戴整洁的工作衣帽，头发梳理整齐置于帽内。进入备餐间必须更衣两次，按备餐要求洗手消毒、戴口罩、戴卫生手套、戴工作帽。

第6章 附则

第22条 本办法由餐饮部负责编制、解释与修订。

第23条 本办法自××年××月××日起生效。

9.3.3 食品添加剂使用规范

为了避免食品添加剂的使用风险，防止食品安全事故的发生，在餐饮菜品制作过程中，餐饮企业要规范食品添加剂的使用。以下是食品添加剂使用规范，仅供参考。

食品添加剂使用规范

第1章 总则

第1条 为了规范食品加工过程中食品添加剂的使用，保证菜品的安全，提升顾客的信任度，降低安全风险，特制定本规范。

第2条 本规范适用于食品加工过程中对食品添加剂的使用的管理。

第3条 餐饮人员负责食品添加剂的验收、记录、贮存和使用工作，对食品添加剂进行备案。

第4条 食品添加剂是指为改善食品品质和色、香、味，以及由于防腐、保鲜和加工工艺的需要而加入食品中的人工合成的或者天然的物质。

第2章 食品添加剂采购要求

第5条 食品添加剂应从具有合法资质的供应商处购进。食品添加剂供应商应持有食品添加剂生产许可证、营业执照、产品检验合格证明等证件。

第6条 采购食品添加剂时应向供应商索取检验报告或产品检验合格证明。

第3章 食品添加剂使用要求

第7条 食品添加剂的使用必须符合"食品添加剂使用标准"中关于品种及使用范围、使用量的规定，尽可能减少食品添加剂在食品中的使用量。

第8条 食品添加剂不得用于掩盖食品的腐败变质，不得用于掩盖食品本身或加工过程中的质量缺陷，不得用于食品掺杂、掺假、伪造。

第9条 不得因使用食品添加剂而降低食品安全要求或食品本身的营养价值。

第10条 领用食品添加剂时，要检查食品添加剂的合格证及使用期限，详细阅读使用说明书，根据相关要求使用。

第11条 食品添加剂必须按工艺要求添加，不得多加或少加，如发现多加或少加，将按相关规定严肃处理。

第12条 禁止使用食品添加剂以外的化学物质生产加工食品，不得使用不符合质量安全要求的食品添加剂生产加工食品。

第13条 应配备与食品添加剂的使用相适应的计量器具，并定期校检。

第4章 食品添加剂储存要求

第14条 使用的食品添加剂必须在醒目位置公示。

第15条 对于食品添加剂，要由专人采购、专人保管、专人领用、专人登记，存放食品添加剂时必须做到专柜、专架、定位存放，并标示"食品添加剂"字样，不得与非食用产品或有毒有害物品混放。

（续）

第 16 条　指定专人负责食品添加剂的管理，使用食品添加剂的人员需经过专业培训。添加食品添加剂时应使用专门的称量工具，严格按限量标准添加。

第 17 条　采购部门和库房在食品添加剂入库时应检查其品名、产地、厂名、卫生许可证号、规格、配方或者生产日期、批号或者代号、保质期、适用范围与使用量、使用方法等，合格后方可入库。

第 18 条　必须加强对食品添加剂的出库管理，领用单位领用时要认真检查其生产日期、卫生许可证、保质期、适用范围、使用量、使用方法等，经库房主管签字后，方可按领料单领料。

第 5 章　食品添加剂记录要求

第 19 条　做好食品添加剂使用记录，建立食品添加剂使用台账，对使用食品添加剂的品种、名称、生产单位、用途、使用量、使用时间进行记录。

第 20 条　餐饮人员要认真记录食品添加剂的领用和使用记录。

第 21 条　后厨负责人在领用食品添加剂的时候，要在领料单上签字确认，以便在出现问题时可以及时进行查证。

第 22 条　监督部门随时对食品添加剂的使用情况进行抽查，发现不合格的情况时，要及时记录，并采取相关处理措施。

第 6 章　附则

第 23 条　本规范由餐饮部负责编制、解释与修订。

第 24 条　本规范自 ×× 年 ×× 月 ×× 日起生效。

9.3.4　食品加工安全管理制度

为了避免在生产加工食品的过程中出现突发事件，防止餐厅与顾客或者员工发生纠纷，保证菜品质量，保护人员安全，餐饮企业需要制定食品加工安全管理制度。以下是食品加工安全管理制度，仅供参考。

食品加工安全管理制度
第 1 章　总则
第 1 条　目的
为了保证顾客的安全，提高顾客的满意度和忠诚度，增加企业的经济利润，特制定本制度。
第 2 条　适用范围
本制度适用于餐饮食品加工工作的管理。
第 3 条　职责权限
1．餐饮经理负责监督食品加工工作。
2．餐饮人员按照相应的管理制度进行食品加工。
第 2 章　食品加工管理要求
第 4 条　食品加工前管理要求
1．在对食品进行加工前，要认真检查待加工食品，若发现存在腐败变质的食品，不得进行加工操作。
2．在对食品进行加工前，要对后厨人员进行卫生检查，并对后厨人员进行食品加工安全知识培训。后厨人员通过培训后，方可进行食品加工工作。
3．在对食品进行加工前，要保证各种加工设备、器具的干净卫生。
第 5 条　食品加工过程管理要求
1．规范食品加工的操作流程，后厨人员要按照加工标准制作相应菜品。

（续）

2．要有独立的加工间、切菜间、烹饪间、备餐间，不得随意进行房间变更，避免交叉使用。

3．食品加工过程中使用的食品添加剂要符合规范，禁止超量使用。

第6条　食品加工后管理要求

1．食品加工结束之后，要及时清洗加工设备、器具，去除灶面油污。

2．清理厨余垃圾，保证厨房的干净整洁。

第3章　食品监督管理要求

第7条　成立监督小组

1．设立食品加工安全检查监督小组，定期或不定期对食品加工情况进行检查和监督。

2．食品加工安全检查监督小组发现违规情况后要及时上报，并及时进行整改。

3．食品加工安全检查监督小组不得隐瞒食品安全问题，不得毁灭相关证据。

第8条　加工问题处理

1．食品加工安全检查监督小组若发现食品加工过程中存在问题，要立即制止相关食品的加工制作。

2．食品加工安全检查监督小组要对存在的问题进行调查，并将调查结果与问题一起上报。

3．食品加工安全检查监督小组根据解决措施对食品加工过程进行整改，并检查是否解决了问题。

第9条　紧急情况处理

1．发生食品安全紧急情况时，餐厅要立即封存问题食品及其原料，并立即向监管部门报告，同时积极配合监管部门进行调查处理。

2．餐厅经理作为食品安全的责任人，要安排工作人员积极开展食品安全应急处置工作。

3．餐饮食品对顾客的健康造成伤害的，餐厅应采取应急处置措施。

第10条　做好监督记录

1．食品加工安全检查监督小组要做好食品加工安全生产记录，并存档。

2．食品加工安全检查监督小组要记录食品加工过程中发生的各种情况，以便作为反面案例进行培训。

第4章　附则

第11条　编制单位

本制度由餐饮部负责编制、解释与修订。

第12条　生效时间

本制度自××年××月××日起生效。

食品卫生不合格整改流程，扫描下方二维码即可查看。

第10章
餐饮服务质量管理

10.1 餐饮服务质量控制

10.1.1 餐饮服务质量标准制定

餐饮服务质量标准主要包括餐前准备标准、迎宾服务标准、点餐服务标准、上餐服务标准、酒水服务标准、结账送客服务标准和收台清洁标准，具体内容如下。

1．餐前准备标准

（1）服务员需根据餐桌特点，合理选择合适的台布，并根据就餐环境特征，选择适当的台布铺设方法。

（2）服务员需根据餐位特征及餐厅规定，确定插花造型，选择合适花材，并认真制作餐桌插花。

（3）服务员需根据餐位特征及餐厅规定，设计餐巾折花造型并按要求折叠、摆放餐巾折花。

（4）服务员需根据餐厅规定，完成摆台工作。

（5）服务员需负责餐厅用餐区域的卫生打扫工作，确保用餐区域干净、整洁、无异味。

2．迎宾服务标准

（1）宾客到来时，迎宾服务员应说"欢迎光临""您好，这边请"，并做出"里面请"的手势，即右臂自然弯曲提至齐胸的高度，手指伸直并拢指向目标区域。

（2）引领宾客时，迎宾服务员应在宾客左前方 1.5 米左右侧身行走，并用余光观察宾客是否跟上，行走中应不时回头示意宾客；在上台阶或拐弯时，应提醒宾客小心、慢行。

（3）当宾客带有行李或较重的背包、公文包时，迎宾服务员应在征求宾客同意后，帮助宾客携带，且需对宾客的物品轻拿轻放。

（4）当餐厅无空余包间或大厅内无空余位置时，迎宾服务员要向宾客表示歉意并说明情况，若宾客不愿等候，则应欢送宾客并赠送餐厅订餐卡；若宾客愿意等候，则应暂时安排宾客到等候区休息，并为宾客提供必要的茶水和报纸杂志。

（5）引领宾客选择餐位时，迎宾服务员应充分尊重宾客意见并根据其需要为其推荐合适的餐位；到达餐位时，应询问宾客是否喜欢这个餐位。如果宾客对安排的位置不满意，迎宾服务员需在条件允许的情况下，尽可能地根据宾客的要求进行更换。

（6）宾客入座后，迎宾服务员应及时通知餐饮服务员为宾客提供餐饮服务。当餐饮服务员到达时，迎宾服务员应适时离开。

3．点餐服务标准

（1）宾客落座后，餐厅服务员应及时为宾客摆放茶具和斟倒茶水。

（2）餐厅服务员应按照餐厅规定，及时将配菜摆放在转盘中间位置。

（3）餐厅服务员需站在宾客右侧，双手将菜单交到宾客手中，并需在宾客对菜品不了解时，主动向宾客介绍菜品。

（4）当宾客同时点口味、原料相同的两道或多道菜品时，餐厅服务员应及时予以提示和讲解。若宾客坚持，餐厅服务员应在点菜单上注明。

（5）当宾客带有小孩或老人时，餐厅服务员应为宾客介绍1~2道适合小孩或老人的菜品。

（6）餐厅服务员需根据宾客所点菜品准确填写点菜单，并确保字迹清楚、规范，便于识别和理解。

（7）菜品点完后，餐厅服务员应询问宾客是否有忌口或特殊要求，如宾客有忌口或特殊要求，需在点菜单上注明。

（8）点餐完成后，餐厅服务员应向宾客核实点菜单，检查所点菜品和宾客的忌口情况或特殊要求是否记录齐全、准确。

（9）点餐结束后，餐厅服务员应及时将点菜单交予厨房，不得拖延。

（10）当宾客所点菜品已卖完时，餐厅服务员应立即通知宾客，并帮其更换其他菜品或将该菜品退掉。

4．上餐服务标准

（1）餐厅服务员要根据实际情况，掌控上菜的时机：正常情况下，应在宾客点餐后5分钟内上凉菜，15~20分钟内上热菜，30~45分钟内上完全部菜品。

（2）餐厅服务员要根据实际情况，按照"先凉后热、先咸后甜、先炒后烧、先优后一般"的顺序上菜。

（3）餐厅服务员要坚持"六不上"原则，即数量不足不上、温度不够不上、颜色不正不上、配料不齐不上、器皿不洁或破损不上、菜中有异物不上。

（4）餐厅服务员要根据具体情况灵活把握上菜的位置，中餐宴会中上菜位置一般应选在陪同人员和次要宾客之间或副主宾的右手边。

（5）餐厅服务员应合理控制上菜的速度，正常情况下，上菜时间间隔应控制为3~5分钟。

（6）上菜前，餐厅服务员应仔细检查菜内是否有异物，若有则应立即通知餐厅领班处理，重新为宾客制作并上菜。

（7）餐厅服务员在上菜时，应清楚响亮地报出菜名，如宾客需要，需进行相应的菜品介绍。

（8）餐厅服务员上菜时，应平稳地将菜品放在转盘上，不得将菜汁、汤汁洒到宾客身上。

（9）菜品上完后，餐厅服务员应告知宾客菜已上完，并祝宾客用餐愉快。

5. 酒水服务标准

（1）当宾客提出酒水需求且明确说明需要何种酒水时，餐厅服务员应在点菜单上注明酒水名称和数量，并询问是否需要冰镇或其他处理；若宾客不确定需要何种酒水，餐厅服务员应根据宾客点餐内容，为其推荐合适的酒水。

（2）餐厅服务员在取酒水时，应先检查酒水质量，并根据酒水类型及宾客要求进行冰镇或其他处理。

（3）餐厅服务员应根据酒水种类，为宾客选择合适、干净、无破损的酒杯，并摆放在餐盘前方。

（4）宾客对酒水确认后，餐厅服务员应根据酒瓶特征，正确使用开瓶器开启瓶盖。

（5）瓶盖开启后，餐厅服务员应主动为宾客斟酒。

6. 结账送客服务标准

（1）收银服务员负责为宾客提供优质的结账服务，具体服务步骤和标准如下。

① 宾客来收银台要求结账时，收银服务员应礼貌询问宾客的餐桌号，并及时取出宾客账单。

② 收银服务员应准确核算账单金额，核算完毕后清楚说明账单金额，并向宾客出示账单。

③ 宾客核实确认后，收银服务员应礼貌询问宾客拟采取的结账方式。

④ 若宾客选择用现金结账，收银服务员应当面清点现金；若宾客选择刷卡结账，收

银服务员则应正确操作刷卡机，引导宾客在收据上签字，并认真检查签字与银行卡信息是否一致；如顾客选择电子支付，收银服务员需要核对付款信息与金额。

⑤ 结账完毕，收银服务员应为宾客开具发票，并对宾客表示感谢。

（2）宾客用餐完毕离开餐厅时，餐厅服务员应为宾客提供送客服务，具体服务标准如下。

① 宾客要求打包菜品时，餐厅服务员应及时提供打包服务，将菜品盛入专用饭盒并装入专用塑料袋中，以便宾客携带。

② 宾客用餐完毕起身离开时，餐厅服务员应为宾客拉开座椅，主动疏通走道，并礼貌提醒宾客带齐随身物品。

③ 餐厅服务员应将宾客送至餐厅门口，热情、礼貌地向宾客道别，并欢迎宾客再次光临。

7. 收台清洁标准

（1）餐厅服务员在等宾客全部离开后方可进行收台和清理。

（2）收台时，餐厅服务员应先关闭不必要的装饰灯光，只留一定的照明灯光。

（3）收台时，餐厅服务员应用托盘收撤餐桌上的物品。在收撤物品时，餐厅服务员应注意轻拿轻放，餐碟、汤碗不可叠放过高。

（4）对于宾客未使用过的一次性毛巾或餐巾纸，餐厅服务员应将其及时退回吧台。

（5）餐桌上的物品撤走后，餐厅服务员应认真收撤台布、清理桌面，并将更换后的台布及清理好的花瓶、调味瓶和台号牌等物品摆放在餐桌上。

（6）餐桌清洁完毕后，餐厅服务员应对其他用餐区域（如地面、墙面等）进行清洁。

10.1.2　餐饮服务质量保证措施

为了确保餐厅的服务质量得到保障，餐饮企业需要对人员、物资、卫生、服务过程等内容进行控制，具体保证措施主要有以下三个部分。

1. 预先控制

预先控制是指为了使服务结果达到预定的目标，在开餐前所做的一切管理上的努力的行为。预先控制可防止开餐服务中各种资源在质和量上产生偏差。预先控制的主要内容有以下三点。

（1）人力资源的预先控制

餐厅经理应根据餐厅的特点，灵活安排人员班次，以保证有足够的人力资源。

（2）物资的预先控制

每天营业前，餐厅服务员必须按规定摆好餐桌，准备好点菜单、酒水、开瓶工具及工作台小物件等。

（3）卫生质量的预先控制

每天营业前半小时，餐厅经理应对墙体、天花板、灯具、通风口、地毯、餐具、转盘、台布、桌椅等做最后一遍检查，一旦发现卫生质量不符合要求，就要迅速安排返工。

2．现场控制

现场控制是指现场监督正在进行的服务，使其规范化、程序化，并迅速妥善处理意外事件的行为。现场控制的内容有以下两点。

（1）服务程序的控制

营业期间，餐厅经理需监督、指挥餐厅服务员按标准服务程序服务，若发现偏差要及时纠正。

（2）意外事件的控制

餐厅服务员务必对在餐厅发生的意外事件进行迅速、合理的处理，防止事态扩大，影响其他顾客的用餐情绪。

3．反馈控制

反馈控制是指通过质量信息的反馈找出服务工作的不足，采取措施加强预先控制和现场控制，提高服务质量的行为。反馈控制分为内部反馈控制和外部反馈控制。

内部反馈控制是指每日营业结束后，召开简短的总结会，对当日营业状态进行反馈与分析，从而改进服务质量的行为。

外部反馈控制是指可通过在餐桌上放置顾客意见表，或在顾客用餐后主动征求顾客意见，并对其提出的问题进行分析与解决的行为。

10.1.3　餐饮服务质量监督方法

餐饮服务质量需要监督的内容有礼貌礼节、仪容仪表、服务态度、清洁卫生、服务技能和服务效率等，具体监督方法如表 10-1 所示。

表 10-1　餐饮服务质量监督方法

监督方法	具体说明	适用情况	优缺点
定期检查	餐饮部每月或每周定期组织领班对各营业点进行一次服务质量检查	适用于所有餐厅，可配合随机抽查使用	优点：稳定性强 缺点：可能造成服务人员只在检查时达到餐饮服务标准
随机抽查	餐饮部经理采取随时抽查的方式在餐饮服务过程中对各营业点进行质量检查	适用于所有餐厅，可配合定期检查使用	优点：给服务人员带来了一定的压力，能在一定程度上提升餐饮服务质量 缺点：不具备稳定性，有样本差异

监督方法	具体说明	适用情况	优缺点
专家暗访	不定期聘请专家对餐饮服务质量进行临时暗访	适用于规模较大的餐厅（如连锁餐厅）或参加餐饮服务质量评比的餐厅	优点：具有权威性 缺点：难度大，成本高
开展竞赛活动	开展餐饮服务质量评比和组织优质餐饮服务竞赛活动，促使服务人员相互学习、相互竞争，从而提高服务人员提供优质餐饮服务的积极性	适用于大型餐厅或人员结构较复杂的餐厅	优点：人员自主性强，效果好 缺点：执行流程复杂，成本较高
提取顾客评价	对顾客展开满意度调查，分析顾客评价，判断餐饮服务质量是否达标	适用于所有餐厅	优点：顾客评价可真实反映餐饮服务质量，便于整改 缺点：执行难度大，需要顾客配合

10.1.4 餐饮服务质量考评办法

制定餐饮服务质量标准是餐饮服务标准化、规范化的依据和前提，也是控制餐饮服务质量的基础。因此，餐饮企业必须制定相关的考评办法对餐饮服务质量进行考评，使餐饮服务质量得到保证。以下是餐饮服务质量考评办法，仅供参考。

餐饮服务质量考评办法

第1章 总则

第1条 目的

为了加强对企业餐饮服务质量的监督，规范员工服务行为及服务质量的考评工作，进一步提高服务质量和服务效率，制定本办法。

第2条 本办法适用于本企业所有餐厅的服务质量考评工作。

第3条 考评内容

1. 餐厅服务人员是否贯彻执行本企业的决议、决定及后勤处工作安排的情况。

2. 餐厅服务人员制度建设和执行情况。

3. 餐厅服务人员的服务态度、服务质量和服务效率。

4. 餐厅服务人员完成工作等情况是否达到要求。

第2章 考评方式

第4条 定期与随机抽查评分

根据工作部署，餐厅质量管理人员采取计划检查和不定期巡查的方式，依据合同约定及服务规范对餐厅服务人员的服务质量进行考评。餐厅服务人员应积极接受、配合质量管理人员的考评工作。

第5条 服务对象评分

餐厅质量管理人员通过满意度调查等途径，征询服务对象对餐厅服务质量的意见或建议，依据服务对象的满意程度对餐厅服务人员进行考评。

第6条 顾客投诉率评分

餐厅质量管理人员受理服务对象对餐厅服务人员在服务态度、服务质量、服务效率等方面的投诉，认真进行核查，问题属实的及时纠正，对于其他情况做好解释协调工作；对于因主观故意或工作疏忽被投诉的，按规定的量化标准计入考评结果。

（续）

第 7 条　工作创新评分

企业鼓励餐厅服务人员开展创新活动，对于管理创新（工作取得实效的）和服务创新（得到服务对象好评或表扬的），按规定的量化标准计入考评结果。

第 3 章　考评赋分

第 8 条　定期与随机抽查评分（占 60%）

考评人员通过查看工作现场的实际效果，对照规定的量化标准核定分数，每周进行一次计划检查，每月至少进行一次不定期巡查。

第 9 条　服务对象评分（占 20%）

随机抽取 30%~50% 的部门服务对象或 3%~5% 个人服务对象，通过开展问卷调查等形式征询服务对象的意见或建议，以收回的问卷调查表的平均分数作为考评分数。

第 10 条　顾客投诉率评分（占 10%）

顾客投诉率在＿＿% 以下，得满分；顾客投诉率每提高＿＿%，扣＿＿分；顾客投诉率在＿＿% 以上，不得分。

第 11 条　工作创新评分（占 10%）

通过工作创新得到上级领导表扬的，一次加 5 分；通过工作创新为餐厅做出巨大贡献的，一次加 10 分。

第 12 条　分值认定

依据考核评分情况，按以下标准评定考核结果。

85 分以上为优秀，75~85 分为良好，60~74 分为合格，低于 60 分为不合格。

第 4 章　结果处理

第 13 条　整改

针对考评结果为不合格的餐厅或人员，餐厅质量管理人员进行告知并督促其整改。发现违规情况时，餐厅质量管理人员开具整改通知书，整改通知书经责任人和检查人双方签字确认交责任单位落实整改，餐厅质量管理人员对整改情况进行复查。

第 14 条　表彰

餐厅质量管理人员每月将检查、监督情况进行汇总，形成考评工作报告并上报后勤处，对考评结果为优秀的餐厅或人员提出表彰，对存在的问题提出整改建议。

第 15 条　申诉

相关餐厅或人员如对整改意见不服，或对考评结果有异议，可以提请重新认定或向后勤处提出申诉。

第 5 章　附则

第 16 条　编制单位

本办法由餐饮部负责编制、解释与修订。

第 17 条　生效时间

本办法自××年××月××日起生效。

餐饮服务质量考评表，扫描下方二维码即可查看。

10.2 餐饮服务质量提升与改善

10.2.1 餐饮服务质量满意度调查与分析

在进行餐饮服务质量满意度调查时，餐厅质量管理人员可通过餐饮服务质量满意度调查表（见表10-2）收集顾客反馈的信息。

表10-2 餐饮服务质量满意度调查表

服务项目	项目评价				
1. 该餐厅有非常先进、便利的服务设施	□很满意	□一般	□基本满意	□不太满意	□不满意
2. 该餐厅环境优雅，卫生状态良好	□很满意	□一般	□基本满意	□不太满意	□不满意
3. 餐厅员工穿戴整洁、得体，精神饱满	□很满意	□一般	□基本满意	□不太满意	□不满意
4. 餐厅整洁，餐具干净无破损	□很满意	□一般	□基本满意	□不太满意	□不满意
5. 餐厅的菜品特色突出	□很满意	□一般	□基本满意	□不太满意	□不满意
6. 餐厅让您在用餐期间感到安全、放心	□很满意	□一般	□基本满意	□不太满意	□不满意
7. 餐厅员工能在承诺时间内满足您提出的要求	□很满意	□一般	□基本满意	□不太满意	□不满意
8. 餐厅员工提供服务时，一次性就能把事情做好（如点单、结账等）	□很满意	□一般	□基本满意	□不太满意	□不满意
9. 餐厅给予您个性化的关怀（有特殊要求时，能尽量满足）	□很满意	□一般	□基本满意	□不太满意	□不满意
10. 餐厅在服务过程中尊重您的知情权	□很满意	□一般	□基本满意	□不太满意	□不满意
您认为餐厅还应加强哪方面的建设？					
顾客姓名			顾客联系方式		
填表日期					
备注					

在进行餐饮服务质量满意度分析时，餐厅质量管理人员可汇总调查表内容，通过对服务项目及项目评价赋予分值或其他方式，确定餐厅出现的问题，分析餐饮服务质量满意度不达标的原因，并进行整改。

10.2.2 餐饮服务质量提升方法

提高餐饮服务质量，对精湛的烹饪技术与完美的服务艺术进行有机结合，是餐厅赢得信誉的根本所在。因此，餐厅质量管理人员可从以下几个方面提升餐饮服务质量。

1. 了解顾客的需求

每一位顾客都有自己的消费原则。为了提升餐饮服务质量，餐厅质量管理人员应时刻关注市场，随时掌握市场的动态和在每个特定的时间段内各种类型的顾客的不同需求，同时要抓住顾客心理，从他们的立场考虑，不要只考虑自身的因素，还要想顾客所想，以满足顾客需求。

2．有效地调动和利用内部员工的积极性

对于任何餐厅来说，工作积极性强的员工都会带来更好的客源。因此，餐厅质量管理人员应先做到尽量满足员工的需求，有效地调动员工工作的积极性，再通过员工的真诚服务感染每一位顾客。

3．不断进行菜品创新

餐厅要生存，就必须加强菜品的开发创新，不仅要适时推出新品种，对于老品种，还要在保持其传统风格的基础上，不断提高生产工艺水平和菜品质量，使菜品精益求精。菜品创新应在原料上推陈出新、在口味上博采众家之长，并在此基础上创制出多种新品。

4．建立一套严格的服务规程

餐厅应该建立更具体的餐饮服务设施的检查与完善制度，以及时发现问题并整改，使得服务设施始终与餐厅的档次相适应。

5．保证菜品质量

菜品制作必须符合一定标准，没有标准就无法衡量菜品质量，也无法进行质量控制。厨房工作人员必须先制定出制作各种菜品的质量标准，然后由餐饮部经理、厨师长进行监督和检查，确保菜品既符合质量要求，又符合成本要求。

6．加强对餐厅服务人员的培训

餐厅要加强员工培训，从整体上提升餐厅服务人员的素质。

10．2．3　餐饮服务质量改善方案

餐饮服务质量管理的一项重要内容就是对服务质量进行持续的改善与提升，不断追求高品质的服务，以提高客户的满意度，增强企业的市场竞争力。以下是餐饮服务质量改善方案，仅供参考。

餐饮服务质量改善方案

一、目的

为了提高企业餐饮服务质量，规范服务人员的服务流程与服务标准，特制定本方案。

（续）

二、餐饮服务质量改善目标

1. 提高顾客满意度和顾客回头率。

2. 使餐厅服务质量在同行业更具有竞争力。

3. 增加餐厅营业额。

三、餐饮服务质量改善方法

1. 加强员工培训

各餐厅每月至少组织两次员工培训，即对员工进行工作技能培训和服务规范培训；利用晨会，开展服务礼貌用语、仪容仪表、投诉处理、应急处理等方面的培训，增强员工的服务意识。

2. 注重餐饮礼仪

员工在餐饮服务过程中，要做到着装整齐、言行文明。

3. 接受顾客监督

设立"餐厅服务监督公示牌"，悬挂在各餐厅出入口处，公示监督电话、设置意见栏，公开接受顾客对餐厅及员工服务的意见和建议。

每个月开展一次"顾客满意度问卷调查"，及时汇总分析顾客对餐厅服务、菜品等方面的要求，对不满意项及时改正，对满意项保持加强，从而提升顾客满意度。

4. 合理规划菜谱

根据餐厅就餐人数、就餐群体，科学设计菜谱，安排10~25道菜品，以满足不同人群的消费需求。

5. 菜品创新

餐厅经理要学习、了解烹饪和菜品知识，经常与厨师长沟通菜品问题，对菜品大胆创新，对顾客偏爱菜品加以保留，对售卖效果不好的菜品进行更换。各餐厅应要求厨师长每月推出两道创新菜品。

6. 根据季节变化更新菜品

根据季节变化及时更新菜品，夏季菜品要清淡爽口，冬季菜品要味足开胃。

四、餐饮服务质量改善流程

（一）餐厅服务人员自检

餐饮服务结束后，餐厅服务人员应填写餐饮服务报告表，向主管领导报告餐饮服务的过程和结果，以及自我检查餐饮服务的质量。

（续）

（二）餐饮服务质量检查小组检查

1. 企业成立餐饮服务质量检查小组。检查小组成员应具有良好的职业道德和一定的专业素养，以使检查不断深入，而不是流于形式。

2. 检查情况必须记入餐饮服务质量检查登记簿，发现差错则及时纠正，若有重大问题则及时汇报。

3. 检查的频率应根据检查范围及对餐饮服务质量的影响程度而定。

（1）正常检查频率为每月 ____ 次，每次 2~3 人。

（2）对新进餐厅服务人员每周检查一次，至其熟练后，采取与其他人员一样的检查频率。

（3）特殊重大的工作则视情况而定。

（三）顾客回访

检查小组定期对顾客进行回访，了解顾客对企业餐饮服务质量和服务人员的评价。

（四）餐饮服务质量改进

检查工作结束后，检查小组应形成餐饮服务质量检查报告，同时将检查结果及时反馈给相关人员，以作为餐饮服务质量改进的依据。

五、餐饮服务质量异常处理

1. 检查小组在检查过程中发现异常（如投诉）时，应立即组织人员追查原因。

2. 检查小组应及时整理异常原因、处理过程、改善对策等信息，并报餐厅经理核准。

第11章
餐饮外卖业务管理

11.1 外卖平台管理

11.1.1 自有外卖平台建设

在外卖行业快速发展的今天，外卖已经是餐厅运营中不可或缺的一部分。外卖为餐厅拓宽了发展道路，带来了新的发展机遇。因此，建设自有外卖平台成为越来越多餐饮企业的选择。自有外卖平台建设方式有自建团队开发、套用模板开发和定制外包开发三种，具体内容如表 11-1 所示。

表 11-1 自有外卖平台建设方式

建设方式	具体说明	特点	适用范围
自建团队开发	需要自己组建技术开发团队，聘请产品经理、UI 设计师、安卓开发工程师、苹果开发工程师、测试人员等进行开发	需要投入大量人力、物力和财力。除需要自己搭建团队外，还需要租用办公场地、支付水电费、购买建设外卖平台所需的一些配套设备等	适用于大型餐饮企业或资金实力雄厚的餐饮企业，如肯德基、麦当劳等
套用模板开发	使用现有的外卖平台模板，进行简单的修改后即可上线运营	开发方式简单，开发成本非常低，而且可以快速上线运营	◆ 对于平台没有很高需求的餐饮企业 ◆ 由于模板没有源码，不能进行二次开发，因此只适用于短期运营的餐饮企业

（续表）

建设方式	具体说明	特点	适用范围
定制外包开发	主要是找专业的软件外包开发公司搭建自己的外卖平台。餐饮企业需要将自己的需求跟软件外包开发公司讲清楚，双方确定开发报价、交付标准及交付日期等事宜后，由软件外包开发公司组织人员进行开发	◆ 根据餐饮企业需求定制，用户体验好，性能也比较稳定 ◆ 因为有源码，数据安全可以得到保障，是目前不少餐饮企业采用的开发方式	如果功能需求复杂，该方式需要耗费比较大的成本，因此适用于有一定经济实力的中小餐饮企业

11.1.2　第三方外卖平台的选择与入驻

在餐饮实体面临原料、人力、房租三大成本高居不下和客流量减少的情况下，外卖业务从之前的可选项变成了必选项，越来越多的餐饮实体加入第三方外卖平台。

1. 第三方外卖平台的选择

第三方外卖平台的选择应综合考虑以下四个因素。

（1）外卖配送的及时性

外卖最重要的一点就是配送的及时性，不管是在商家接单制作环节，还是在骑手配送环节，每一步都高效进行，这样才能带给用户良好的购物体验。

外卖要达到高效送餐的标准，至少需要第三方外卖平台能实现商家自动接单、订单自动打印、商家快速发单、对接配送、骑手端及时响铃等多个环节的无缝高效衔接。这也能提升用户的好感度。

（2）第三方外卖平台的营销策略

第三方外卖平台可以通过发放优惠券、首单减免、满减活动等营销手段快速裂变用户，形成用户黏性。因此，第三方外卖平台的营销策略是餐饮实体选择第三方外卖平台时不可忽略的一部分。

（3）第三方外卖平台的佣金费率

对于相同的产品，不同平台的佣金费率不一样，从10%到25%不等，一般在20%左右。由于外卖利润与佣金、补贴密切相关，对大多数餐饮实体而言，外卖收入占比越高，利润就越少。因此，在选择第三方外卖平台时，餐饮实体应充分考虑其佣金费率的计算方式。

（4）第三方外卖平台的流量

对于餐饮实体来说，外卖本质上就是一个流量生意，流量就意味着客源，意味着订单量，意味着营业额。因此，流量是餐饮实体选择第三方外卖平台的考虑因素之一。

以美团外卖为例，依靠美团网，美团外卖在三线、四线城市的市场增速远高于一线、二线城市。因此，如果餐饮实体采取聚焦三线、四线城市市场的餐饮战略，或采取"以量取胜"的竞争策略，那么美团外卖是很好的选择。

随着饿了么成为淘宝的默认入口之一，入驻饿了么的餐饮实体就能背靠淘宝开展外卖接单服务，饿了么将会帮助餐饮实体精准营销，借助数字化技术创造更多的经济效益。

2. 第三方外卖平台的入驻

选定第三方外卖平台后，餐饮实体应准备好相关资料，按照平台要求完成签约入驻流程。不同平台的签约入驻流程会有些许不同，但都大同小异。下面以美团外卖为例进行简单介绍。

（1）资料准备

签约人需准备收款银行卡号、银行卡预留手机号、餐饮卫生许可证照片、法人身份证照片、联系邮箱、门头照片、店内照片、营业执照照片、签约人身份证照片、手持身份证和手持营业执照照片等，其中部分内容的具体要求如下。

① 门头照片：从门头顶端到地面需拍摄完整。

② 店内照片：在店铺开门状态下拍摄。

③ 营业执照照片：证件文字清晰，边框拍摄完整，优先提供原件照片，如果是复印件照片则要有公章，确保证件未过期。

④ 手持身份证和手持营业执照照片：证件清晰，不可只拍身份证，要完整露出持证人的脸部、手臂，并保证身份证上的文字肉眼可看清。

（2）入驻步骤

第三方外卖平台入驻步骤如图 11-1 所示。

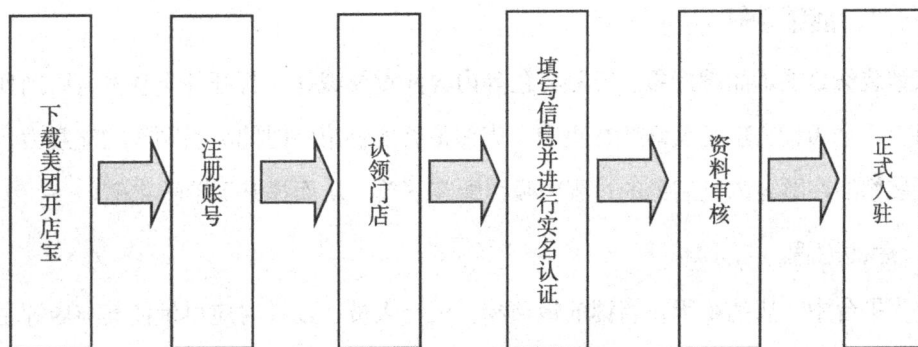

图 11-1　第三方外卖平台入驻步骤

下载美团开店宝 → 注册账号 → 认领门店 → 填写信息并进行实名认证 → 资料审核 → 正式入驻

① 下载美团开店宝

手机端开店需下载美团开店宝（PC端开店需进入美团网→商家中心，单击"我想合作"即可）。

② 注册账号

新用户需要按照页面提示完成账号注册，注册过账号的用户可通过输入账号及密码或手机号及验证码的方式直接登录。

③ 认领门店

账号注册成功之后，商店需要认领门店，如果是老商家，系统里面可能已经收录了相应门店，直接认领即可。如果是新商家，则需要创建一个新的门店，创建新门店时需要正确输入门店的名称、地址、电话、经营品类等信息，信息填写完整后，确认提交即完成创建，完成创建后再认领即可。

④ 填写信息并进行实名认证

按照平台提示填写所需信息并进行实名认证，具体分为四步：填写店铺信息——填写资质信息——填写银行信息——进行实名认证。

⑤ 资料审核

完成信息填写及实名认证后，美团外卖工作人员将在1~3个工作日内进行审核，审核结果将会以短信形式发送到签约人预留的手机上。

⑥ 正式入驻

审核通过后签约人会收到一条签约短信，根据短信提示完成线上签约即可开店营业。

11.2 外卖业务运营管理

11.2.1 店铺装修

店铺装修是展示品牌形象、产品特色等内容的重要载体。打开外卖软件，店铺列表中有成百上千个店铺，店铺装修往往决定了店铺是否能够第一时间吸引顾客的注意力，而好的店铺装修能在顾客浏览店铺的过程中吸引顾客下单，从而提升下单转化率。

1. 店铺招牌

外卖平台中，店铺招牌在店铺的最顶端，设计人员在设计时应尽量使其与店铺主题颜色呼应，可以使用菜品的近景照片，直接用美食吸引顾客的注意力；也可以使用线下实体店铺的真实环境照片，让顾客直观感受到店铺环境的整洁卫生；还可以使用符合当下潮流的个性化图片，吸引年轻顾客的注意力。

2．店铺海报

店铺海报是外卖店铺对外展示的重要载体。设计人员在设计海报时要尽量做到简洁、准确地传达店铺活动信息。通常来说，店铺海报具有以下几种作用。

（1）菜品展示

高清的招牌菜图片要搭配介绍文案，图片越诱人，点击率越高。店铺海报链接的菜品一般为四个左右，一个是招牌菜，另外几个可以是主打的套餐。此时，店铺海报应优先展示菜品的特点或价格，以提升客单价。

（2）活动展示

店铺海报与节假日或有意义的日子如儿童节、母亲节、七夕节等结合，可重点展示针对性爆款活动或促销活动，如限时减免配送费、领取大额券等。

（3）品牌形象宣传

店铺海报还可以用于进行品牌形象宣传，提升品牌影响力，具体方式包括展示店铺历史、品牌代言人等。

3．店铺橱窗

店铺橱窗是菜单顶部所展示的大图，可展现 3~8 款产品。店铺橱窗的展现要点如下。

（1）展现店铺热销 / 招牌产品，提升下单率。

（2）展现店铺高客单价产品，提升客单价。

（3）展现店铺优惠产品，激发顾客的下单欲望。

4．品牌故事

好的品牌故事是顾客和品牌之间的"情感"连接点，赋予了品牌精神内涵和灵性。顾客会对拥有品牌故事的店铺产生一定的情感，有了情感的支撑，顾客对店铺的忠诚度会更高。

品牌故事可以包含品牌的发展历程、食材的采购地、食材制作特色等内容。

11．2．2　菜单设计

外卖不同于堂食，外卖选择是短决策过程，顾客可以随时进入与离开一家外卖店铺。顾客进入外卖店铺后，在第一时间没有看到自己感兴趣的菜品，就会离开，所以外卖的菜单设计直接影响顾客的下单率。

1．菜单结构的设计

菜单结构包括菜品的数量、分类和排序。

在设计菜单结构时，设计人员通常把低价、吸引人的菜品放在最前面。外卖的菜单结构可以按 2:7:1 的比例进行设计：20% 的引流款，即用低价菜品吸引流量；70% 的常规款，也叫爆款，用中等价位菜品作为主打产品；10% 的高价款，通常为多款菜品的组合或大份菜品。

2．菜单设计的原则

（1）精简，聚焦主营品类

好的菜单应该是简单的、聚焦主营品类的，能让店铺看上去更专业、有"匠心"，也能让顾客点单更加迅速和方便。

（2）有逻辑性，符合顾客点单思维

根据从主要到次要的逻辑思维，菜单应依次展示主菜、小吃、主食、汤品、饮料、店铺信息，菜单设计应遵循从大到小、同类而聚、菜品分类维度统一等原则。

（3）突出重点菜品

菜单中应重点展示招牌菜、新品、热销菜，将顾客有限的注意力集中于一点，更方便他们做出选择，提高下单转化率。同时，把利润高的菜品打造为招牌菜等，可以为店铺创造更多的利润。

比较常用的突出重点菜品的方法是将招牌菜放在菜单的顶部，并为其加上"热卖""店长推荐"等标签。

（4）利用好"折扣区"

设计菜单时，可以通过"折扣区"展示不同的打折菜品。对于销量不高的新品，也可以先将其做成折扣菜，放在"折扣区"，等销量高了以后再放在"热卖"栏中。需要注意的是，"折扣区"的主推菜品要保证品质稳定。

3．菜单模板

外卖的菜单设计可参考图 11-2 所示的五个经典模板。

品类式	菜单结构：热卖菜+折扣菜+招牌菜+品类A+品类B+品类C+小吃+饮料+店铺信息 适用对象：传统的"大而全"的餐厅

总分式	菜单结构：热卖菜+折扣菜+套餐+单品+小吃+饮料+店铺信息 适用对象：单品类餐厅

定制式	菜单结构：热卖菜+折扣菜+点餐信息+口味+套餐+单品+加料+饮料+店铺信息 适用对象：主营麻辣烫、麻辣香锅等的菜品定制型餐厅

极简式	菜单结构：热卖菜+折扣菜+满减专区+主食+饮料+店铺信息 适用对象：以折扣菜为主的快餐店

场景式	菜单结构：热卖菜+折扣菜+场景A+场景B+场景C+饮品+店铺信息 适用对象：主打套餐的白领商圈店

图 11-2　菜单设计的五个经典模板

11.2.3　店铺推广

在外卖运营过程中商家需要采取一定的运营技巧进行店铺推广，只有这样才能使店铺在外卖市场中脱颖而出。店铺推广分为门店推广和综合排名推广。

1. 门店推广

门店推广是指商家利用外卖平台的推广工具，通过付费的方式增加门店的曝光量，从而取得一定的推广效果。门店推广的核心要素有以下三个。

（1）门店推广时间

门店推广的最佳时间是新店开业前期，由于新店没有销量，评论量和回头客很少，因此新店在开业前期通常会用门店推广的方式增加曝光量。

（2）门店推广工具

美团外卖的门店推广工具有点金推广、揽客宝、搜索推广、钻石展位、铂金展位等。饿了么的门店推广工具有竞价推广、品牌展位、二维码推广等。

（3）门店推广出价

门店推广出价是商家愿意为每次点击或曝光所支付的价格。当门店综合质量相同时，门店推广出价越高的商家，越有可能得到推广位。

2．综合排名推广

综合排名推广是利用外卖平台的排名规则，通过运营策略调整、店铺优化、促销活动开展等方式提升店铺在外卖平台的排名，从而使店铺营业额增加。

影响综合排名推广的因素有以下九个，具体如表 11-2 所示。

表 11-2　影响综合排名推广的因素

影响因素	具体说明
新店特权	◆ 外卖平台会给新入驻商家提供 7 天的排名保护，新商家参与排名后，可以获得第 8 位和第 12 位两个位置的轮播权 ◆ 新商家需要将店铺装修、促销活动及菜单设计等基础工作做好再开启新店特权，不然参与排名后转化率会较低
品牌商家	外卖平台对品牌商家有着非常大的流量扶持力度，因此有条件的商家一定要争取添加品牌标志
配送距离的远近	平台配送范围越近，排名加权会越高，平台会根据商家店铺的距离推送给顾客
近期交易额	◆ 近期交易额越高，排名越靠前 ◆ 由于交易额是由订单量和客单价共同决定的，所以在客单价方面，商家需要考虑将引流产品、基础产品、溢价产品分开，以提高客单价
店铺转化率	如果店铺转化率很低，排名就不会高。评价、销量、菜单设计、菜品图片都会影响店铺转化率
活动力度	◆ 活动形式多、力度大的商家，会得到更靠前的排名 ◆ 优惠活动会带来订单量和销售额的增加，进而提升店铺排名
店铺收藏人数、好评率、店铺评分	两个店铺在订单量相同的情况下，评分高、好评率高的要靠前。另外，店铺收藏人数也是店铺排名的影响因素之一
起送价	◆ 起送价越低，排名靠前的可能性越高 ◆ 起送价低会降低顾客进入店铺的门槛，提升转化率，从而提升综合排名
有效好评	有效好评是指图多字也多的评论，这类评论还会被盖上平台的印章。有效好评越多，店铺排名越靠前

11．2．4　订单处理

及时处理外卖平台的订单，可以有效改善顾客体验。订单处理的步骤如下。

1．用户下单

顾客浏览完店铺之后选择要购买的食品，系统会自动识别是否达到配送标准。

2．接单选择

下单成功后，商家会收到订单通知，并可以选择是否接单：若不接单，需填写拒单理由，系统通知用户订单被取消；若接单，则系统通知顾客已接单。

3．订单配送

当产品制作完成后，商家通过系统通知骑手接单，骑手选择是否接单：如果拒绝，系统继续通知下一位骑手；若确认接单，则系统通知顾客骑手已接单。骑手配送完订单后，系统会通知顾客订单已送达，并邀请顾客进行评价。

11．2．5　订单配送

外卖业务的运营管理中，订单配送是很多商家容易忽略的一个环节，很多商家认为做好店铺推广、订单处理就可以了，但其实订单配送对外卖业务的运营有着重要影响。因此，为了提升顾客的就餐体验，商家应对订单配送采取一定的管理措施。

1．备餐环节管理

（1）在备餐环节，按照"最少接触、最少交叉"的原则进行餐品准备，可以设立专区进行打包、分装操作，每天对专区进行清洁和消毒。

（2）使用符合食品安全规定的容器、包装材料盛放餐品，避免餐品受到包装材料的污染。

（3）如配送的是需要冷藏的餐品，商家应该配置相应冷链的配送条件，并将冷食与热食分开存放。

（4）建议使用食安封签打包餐品。食安封签可有效防止餐品包装在运送过程中被恶意拆启，从而有效减少餐品的二次污染。

（5）打包好的餐品应尽快交付骑手进行配送，室温条件往往处于餐品存放的危险温度带（5℃~60℃），长时间存放易造成餐品变质。餐品熟制后的常温存放食用时限不得超过2小时，60℃以上的热藏保存食用时限为熟制后4小时。

（6）商家可以为骑手指定取餐通道，避免将餐品直接放在货架上或后厨，禁止骑手直接进入后厨自行翻找餐品，以免错拿餐品。

（7）商家在交付餐品前应确认餐品的密封性及完整性，核对餐品与订单信息，确认骑手拿到正确的餐品。

2．配送问题处理

在订单配送过程中，常见的是配送延迟导致顾客在线催单，甚至投诉。针对配送延迟问题，商家可根据具体情况采取相应措施，具体包括以下四个方面。

（1）如果是平台配送团队的问题导致顾客申请退款，商家可以先同意退款，然后按平台流程申请索赔。

（2）如果是出餐速度慢导致的配送延迟，商家则应提高出餐速度，特别是堂食订单和外卖订单都较多时，应进行合理的安排，必要时可采取修改店铺的营业时间、下架出餐慢的菜品等方式，以免出餐时间过长导致配送延迟。

（3）当骑手取餐过慢时，商家应及时进行调整，在外卖高峰期专门安排一名店员和骑手对接，保证沟通顺畅、取餐顺畅。

（4）如果是恶劣天气导致的配送延迟，商家应提前致电顾客，告知预计送达时间。

11.2.6　退单退款管理

在外卖业务运营过程中，退单退款风险是不可避免的，商家如果应对不当，就会造成要么损失营业额，要么流失顾客的情形。而且，异常订单和缺陷订单数量多，会对商家在外卖平台上的排名造成一定影响。

通常退单退款的原因有如下几个，商家可以针对不同原因采取相应的措施，具体如表11-3所示。

表 11-3　退单退款原因及相应措施

退单退款原因	相应措施
一分钟内取消订单	系统自动通过，无须商家操作，不会影响店铺排名
下单超过一分钟且骑手未取餐	◆ 顾客申请取消订单时，商家未出餐，可同意退单申请，如果商家已经出餐的，可拒绝退单申请 ◆ 因为已完成出餐拒绝退单申请的，商家要及时在平台上确认"出餐完成"，因为顾客第一次申请取消订单被拒绝后，很有可能发起第二次申请，此时平台会介入定责，商家确认"出餐完成"的时间是平台是否强制取消订单的重要依据
骑手已取餐，配送途中顾客取消订单	◆ 如果是配送超时（如配送时间为55分钟以上）、无人接单（下单后30分钟内无人接单）等情况造成的顾客取消订单，商家可以先跟顾客沟通好取消时一定要备注是配送原因 ◆ 商家在后台看到取消订单的原因无误后，可以先同意退款，随后在后台申请餐损，平台会自动根据系统的记录判责，并对商家进行赔付
骑手取消订单	◆ 商家可以在后台自己操作，也可以联系客服操作 ◆ 订单取消后，款项会在1~7个工作日内打回顾客的支付账户
顾客点多、点错	◆ 商家可以先给顾客打电话沟通，看是否可以通过补差价的方式换成顾客想点的菜 ◆ 如果顾客想全部退款重新点单，商家可以先让顾客再次点单，再同意第一单的取消申请，这样可以最大限度保证商家免受损失
顾客下单的菜品已售完	◆ 首先把菜品的售卖状态调整为"售罄"，避免更多顾客误下单 ◆ 打电话和之前已下单的顾客联系，建议对方更换菜品或者取消订单
菜品少送或菜品没按备注制作	首先核实情况，确定是否属实，确认属实后再同意退款，操作前要跟顾客核实清楚整单需要退款的全部商品，因为系统设定，商家只能操作一次"部分退款"。如果商家的第一次操作有遗漏，后面会增加很多沟通成本

退单退款原因	相应措施
骑手送错订单	◆ 送错餐比较麻烦的地方在于会涉及两个订单。商家接到顾客电话表示骑手送错了时，第一时间要跟顾客确认是否已经吃过外卖了，如果没吃过，可以联系骑手把正确的外卖换回 ◆ 如果两份外卖都被取走且都被顾客吃过、没办法换回时，商家要及时联系配送站长。配送站长跟骑手确认情况后，会通过平台将两个订单的损失赔付给商家
配送过程中发生餐损	商家需保留顾客的反馈照片和沟通截图，找到平台客服进行沟通留证，按照平台客服的建议进行操作
顾客重复付款	◆ 商家应请顾客联系平台客服处理 ◆ 当顾客二次发起退款时（即申诉退款），商家只有"同意"的选项，如果不同意退款，则无须进行任何操作，平台客服会在 72 小时内处理 ◆ 如果有顾客发起退款申请，商家一定要及时处理，24 小时之内不处理，平台会默认商家同意退款

11．2．7　评价管理

在信息快速传播的时代，一条差评足以影响一家店铺的生意，尤其是在和人们的生活、健康息息相关的餐饮行业，一条差评可能就会导致店铺星级下降，随之而来的就是排位下降、客源减少、营业额减少。因此，做好评价管理，尤其是差评管理，对餐饮店铺极其重要。

要做好评价管理，可从建立评价管理机制和差评处理两个方面着手。

1．建立评价管理机制

评价出现在外卖业务运营的各个环节，商家应摸清规律，建立评价管理机制，具体如表 11-4 所示。

表 11-4　评价管理机制

评价管理环节	具体措施	操作方法
售前	公示服务渠道	活用菜单栏，设置温馨提示、商家公告等，主要是将店铺商品可能出现的顾客认为不正常的情况列出
	用好包装、餐盒、小票等	包装、餐盒、小票等是商家直接和顾客产生联系的重要物品，商家可以在包装中、餐盒或小票上写上店铺的客服电话或其他联系方式，以便开展顾客安抚工作，避免顾客给出差评
	引导好评	好评返券，定期在线上向好评顾客赠券，这能在促进顾客给好评的同时提高顾客的复购率
售中	细致用心	细心留意顾客备注，如顾客备注了不吃辣，商家却加了辣椒，就容易招致差评
	安抚催单顾客	顾客催单会影响店铺排名，同时顾客催单表明对商家的出餐时间并不满意，商家要及时安抚顾客，降低催单率

（续表）

评价管理环节	具体措施	操作方法
售后	催要好评	顺利完成订单后商家要记得提醒顾客给予店铺五星好评
	分析、规避差评	将店铺收到过的所有差评进行分类，然后算出每种类别的差评占比，再根据不同类别的差评采取措施，规避差评

2．差评处理

在顾客已经打了差评的情况下，商家要先分析差评原因，再根据不同原因采用不同的回复方式。

（1）商家原因导致差评

回复的模式可以是"真诚道歉＋合理解释＋提出解决方案＋拉近关系"。

回复差评不能使用复制粘贴式的内容，这样看着就很敷衍，商家需要用诚恳的语气为具体的错误道歉，并表示下次不会出现类似情况。道歉时，语气不要过于官方，而应该亲切一点，让顾客产生好感。

值得注意的是，回复差评的目的不只是回复打差评的顾客，还要让其他顾客明白这次差评只是意外情况。

（2）非商家原因导致差评

非商家原因导致差评的常见情况是骑手送餐太慢，导致顾客将怒气撒在商家头上。出现此类差评时，商家要马上回复，首先对顾客表示歉意，再用严肃、端正的口吻向顾客解释。此类回复尽量简单直白，最好一句话就讲清楚是骑手的错误，这样可以让其他顾客一眼就看懂是怎么回事。

（3）用户主观差评

顾客主观上对口味、包装、分量不满意等给予差评时，商家需要主动联系顾客达成和解来删除差评。针对这类差评，如果不能删除，商家就需要用严肃的语气去解释，千万不能太激动，如不可加一堆感叹号，这样会让其他顾客觉得商家是在故意推卸责任。

11．3　外卖数据分析

11．3．1　外卖数据构成分析

在外卖业务实际运营过程中，任何一个环节出现问题，都会影响营业额。因此，商家需要多关注外卖平台商家端的数据，定期进行店铺分析，针对问题项进行改善，查漏补缺，不断强化自身优势，提升店铺盈利水平。

商家做外卖数据分析时，应从营业数据、流量数据、营销数据、商品数据和顾客数据五个维度展开。

1．营业数据

在营业数据分析中，商家主要查看营业额、有效订单、客单价、实收金额等数据。

营业统计一般以月为单位，商家可以导出最近 30 天的数据，以及营业报表和订单报表；还可以进行详细的商圈分析，分析店铺订单量、客单价等在商圈内处于什么水平等。

2．流量数据

通过对店铺流量数据的分析，商家能清晰地看到曝光、到店、下单等数据，还有流量来源。流量数据包括顾客进店率、下单转化率、复购率、店铺曝光率等。

分析完流量数据后，商家可以针对问题采取措施，增加曝光量和店铺流量，提高店铺转化率。

3．营销数据

商家如果做了活动，但没有取得预期效果，此时就需要分析营销数据。商家可以在商家后台导出营销报表，查看活动实际支出和活动效果。

4．商品数据

商品数据包括本店菜品销量排名、差评菜品、高利润菜品、低利润菜品及套餐销售情况等。通过分析商品数据，商家可以及时发现店铺问题，如哪些菜品利润低、哪些菜品销量低，并采取改善措施。

5．顾客数据

顾客数据分析可以从商圈对比、消费金额和用户画像三个维度进行。

（1）商圈对比。通过对比周围商圈，商家可以知道店铺的饱和程度、外卖市场现状、顾客的转化情况及商圈内的潜在顾客数目和人均消费支出。

（2）消费金额。商家对于客单价和顾客消费水平要有清晰的了解，因为商圈消费的总体水平直接决定了餐厅的价格定位。

（3）用户画像。商家要了解顾客的男女比例、喜好、口味、职业及敏感度等重要信息，针对特定的人群定制不同的产品，以达到引流效果。

11．3．2　外卖数据的收集与整理

外卖品牌的辐射范围几乎都会受到配送能力、生产能力等的限制，所以一般的经营思路是在最小的范围内深挖顾客需求，即尽可能拓展区域内的潜在顾客和尽可能提升老顾客

的复购率。

1．外卖数据的收集

（1）外卖数据的构成

外卖数据的构成如表 11-5 所示。

表 11-5　外卖数据的构成

数据维度	数据分类	具体数据
顾客	顾客的点单偏好	基于顾客在外卖平台中的下单数据
	顾客的满意度研究	基于顾客在外卖平台中留下的评价数据
商家	商家的类型	基于外卖平台中不同类型的商家数据
	商家的入驻选择	基于商家对不同外卖平台、外卖配送的方式的选择数据
	不同商家的口碑	基于顾客在外卖平台上留下的评价数据
外卖平台	外卖平台的营收	基于外卖平台从入驻商家和顾客这两方得到的收入
	外卖平台的转化率	基于外卖平台的用户种类（如普通注册用户、开通会员的用户）
	外卖平台的补贴活动	外卖平台开展补贴活动时，可以通过入驻商家和顾客的行为数据，对补贴活动的运营效果做细致分析
配送团队	配送的效率	通过围绕订单配送时间这一核心指标，展开指标分析
	配送团队的接单覆盖率	基于由配送团队（骑手们）完成的订单数量、商家自行配送的订单数量

（2）外卖数据

外卖数据可分为商家内部数据和平台公共数据，商家内部数据可直接在系统内导出，平台公共数据主要指外卖平台公开的数据。

2．外卖数据的整理

外卖数据收集完成后，外卖运营人员应对相关的数据进行有效的分类、合并和整理，并剔除无效的数据。通常情况下，在对外卖数据进行整理后，外卖运营人员可将这些数据建成数据库，以方便后期进行比对分析。

11．3．3　外卖时点数据分析

掌握用户的点餐行为，制定不同的运营策略是非常必要的。商家应通过对外卖时点数据进行全面深入的分析来调整运营策略，如调整店铺的推广时段、延长营业时间或选取销售额较大的时段经营、提前进行菜品备货等。

外卖时点数据分析方法包括以下两种。

1．历史数据分析

虽然午餐、晚餐时间依旧是外卖高峰期，但外卖高峰期已经不限于这两个时间点了，在早餐、下午茶、夜宵等时间段也有越来越多的人点餐。

因此，观察过去一段时间内的顾客点餐时间和销售额，商家就能得出所有顾客的点餐时间间隔分布数据，通过这个数据定义不同类型的顾客，就能得到不同类型顾客在不同点餐时间的数量占比。

2．用户场景分析

顾客点餐主要有六个高频时段，包括工作日早餐和午餐、休息日午餐和晚餐、下午茶及夜宵。通过建立用户场景，对顾客的点餐时间进行分析，商家可以预估哪个时间段的点餐需求量较大，并针对该时间段提前备货。

顾客点餐的基本原因主要是天气不好、方便快捷、不想做饭等，商家可以据此建立用户场景进行分析，具体示例如表 11-6 所示。

表 11-6　用户场景分析

用户标签	点餐频率较高时段	地点	需求特点	点餐动机分析
校园用户	休息日午餐和晚餐	学校	◆ 美食快餐为主 ◆ 客单价较低 ◆ 对价格比较敏感	◆ 周末改善伙食 ◆ 不愿意去食堂吃饭
白领用户	工作日午餐、下午茶	写字楼	◆ 品类需求比较丰富 ◆ 对价格的敏感度较低 ◆ 更关注口味及服务水平	◆ 中午用餐时间较短，想简单吃个工作餐 ◆ 想吃下午茶饮品 ◆ 天气不好，不方便外出就餐
社区用户	休息日的午餐和晚餐、夜宵	家里	◆ 需求比较丰富，消费能力较强 ◆ 对于价格的敏感度较低 ◆ 对配送、品质要求较高	◆ 偶尔不愿意做饭，点餐方便快捷 ◆ 想吃点特别的美食 ◆ 晚上饿了想吃点夜宵
特殊群体	工作日早餐、午餐，休息日晚餐	家里	例如，一些健身人士，因为健身需求，必须吃一些低热量的健康餐	为了更方便

第12章
餐饮创新管理

12.1 菜品创新

12.1.1 菜品创新方法

菜品的创新应贯穿餐厅运营的始终。菜品的创新可以刺激消费,增加营业额,增强客户黏性,留住老客户,获取新客户;也可以引领市场,强化餐饮品牌的优势。

菜品创新可以从原料使用的创新、烹饪方法的创新、菜品口味的创新、装盘与盛器的创新四个维度进行,具体如表12-1所示。

表 12-1 菜品创新方法

创新维度	创新方式	具体示例
原料使用的创新	现有原料的使用创新	◆ 西料中用:如荷兰豆、西兰花等 ◆ 中料西用:将乡土原料、野生原料,如南瓜、山芋、南瓜藤等,开发制作成精细产品 ◆ 药材菜用:将传统认为只能作为药材的原料,如当归、枸杞用于烧制菜品等 ◆ 一料多用:开发某种原料,使其可以用于烹制更多菜品,如三文鱼、咸蛋黄系列菜等
	改变原料质地,使原料成为新菜品	人们常采用脱水、盐渍、腌、冷藏、焯水、白煮、过油等处理方法来改变原料质地,以制作新菜品,如腊肉、香肠、风鸡等

创新维度	创新方式	具体示例
烹饪方法的创新	改换烹饪方法	"炒"的菜品可以改用"爆"的方法加工，干煸系列、水煮系列、火锅系列也可以用"煸"的方法加工，采用不同的烹饪方法，菜品的风味特色、质感各有区别
	创新造新的烹饪方法	从生食、浸渍、火燎、石烹、罐煮、笼蒸、炉烤、油炒，到如今的电炉烘、微波烹等就是烹饪方法的创新。例如，用燃酒烤羊肉串、筵席冷菜中的盐焗香辣鸡等
	综合创新烹饪方法	在传统的烹饪方法的基础上，打破中西烹饪方法泾渭分明的固定格局，进行改良组合、模仿、借鉴、逆创，以推出采用新烹饪方法制作的菜品，如酥盒虾仁、酥皮海鲜等
菜品口味的创新	西味中烹	将烹饪西餐的调味料、调味汁或调味方法，用于烹饪中餐，如抄律海鲜卷、千岛石榴虾等
	果味菜烹	将水果、果汁用于菜品调味，如椰汁鸡、菠萝饭、橙味瓜条等
	旧味新烹	将已经流行过，近年很少使用的调料重新用于烹制菜品，如辣酱油烹鸡翅、豆酱炒洞虾等
	新味旧烹	用新近出现的调料烹制传统原料，从而推出新颖菜品，如XO炒鸡柳、黑椒炒鳝花等
装盘与盛器的创新	器皿多变	用竹器、漆器、铁板等盛装菜品，会让顾客在视觉上感受到推出了新的菜品
	组合多变	将冷菜、热菜的组合进行整分结合、区别调整，有和食、成肴（筷、勺取之即可食）、组合成肴（需顾客或餐厅服务员将两种或两种以上食品组合方可食用）等

12.1.2 菜品创新流程

餐厅需定期创新菜品，新的菜品需满足多种需求，如顾客需求、多样性需求、流行需求、操作便捷需求等。菜品的创新应依据餐厅的菜品创新流程进行。

（1）菜品创新流程如图 12-1 所示。

部门名称	餐饮部		流程名称		菜品创新流程
关键节点	行政总厨	餐饮部经理	厨师长	其他相关人员	
	A	B	C	D	

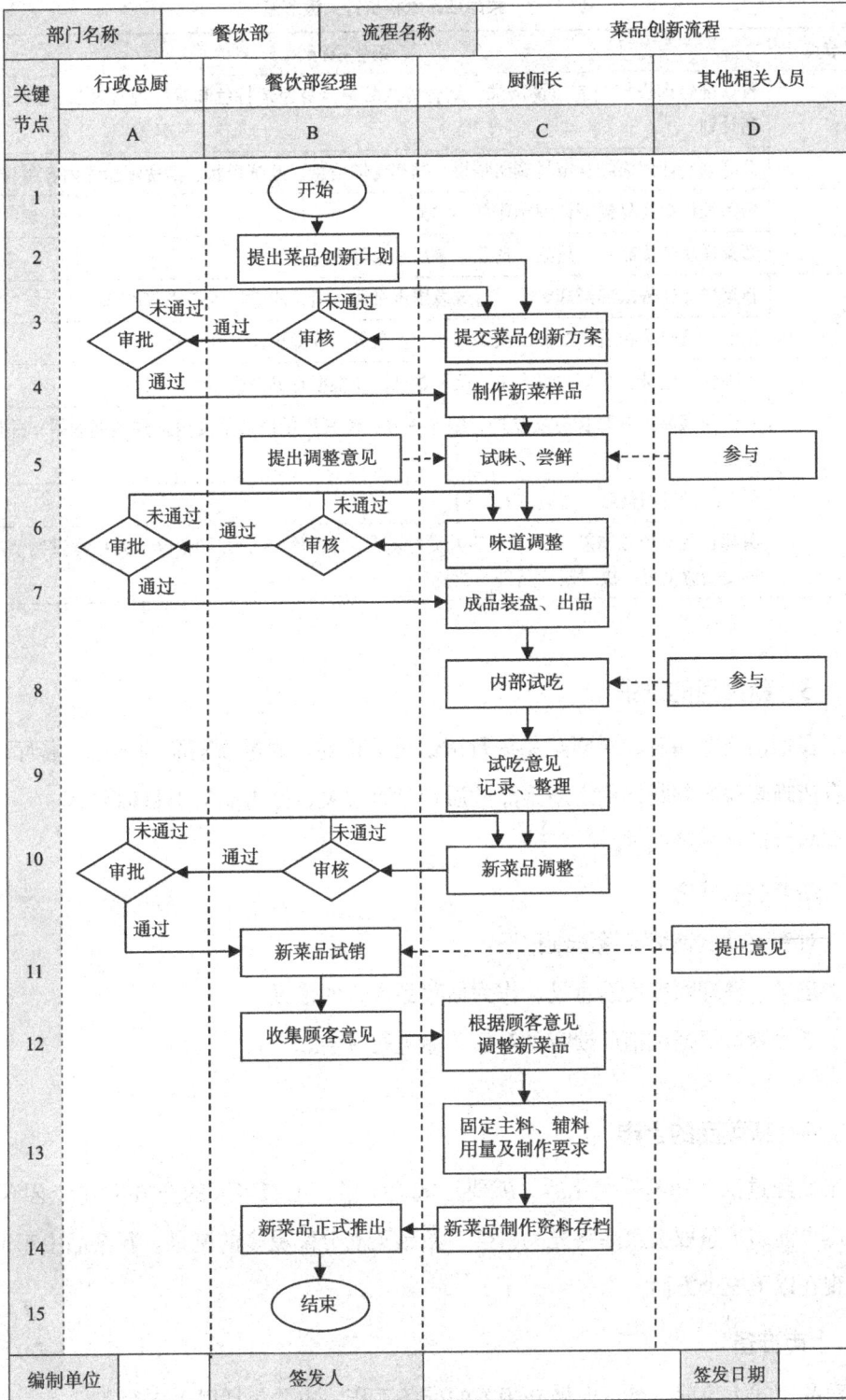

1			开始		
2		提出菜品创新计划			
3	审批 未通过 通过	审核 未通过	提交菜品创新方案		
4	通过		制作新菜样品		
5		提出调整意见	试味、尝鲜	参与	
6	审批 未通过 通过	审核 未通过	味道调整		
7	通过		成品装盘、出品		
8			内部试吃	参与	
9			试吃意见记录、整理		
10	审批 未通过 通过	审核 通过 未通过	新菜品调整		
11	通过	新菜品试销		提出意见	
12		收集顾客意见	根据顾客意见调整新菜品		
13			固定主料、辅料用量及制作要求		
14		新菜品正式推出	新菜品制作资料存档		
15		结束			

编制单位		签发人		签发日期	

图 12-1　菜品创新流程

（2）根据图 12-1，菜品创新流程执行关键节点如表 12-2 所示。

表 12-2　菜品创新流程执行关键节点

关键节点	细化执行
B1	餐饮部经理根据当前市场需求，结合餐饮品牌自身经营特色和餐厅现有菜品，提出菜品创新计划
	菜品创新计划应结合市场调研结果、顾客反馈信息、经济现状、消费观念等内容制订
C4	厨师长根据菜品创新计划制作新菜样品
	新菜样品应按凉菜、热菜、汤品、餐后水果等进行分类
C8	新菜样品经餐饮部经理审核、行政总厨审批通过后，应进行内部小范围试吃
	试吃人员应从味道、外形、烹饪方法、摆盘等角度提出建设性意见
C10	厨师长应记录、整理试吃人员的反馈意见，并根据意见进行新菜品调整
	对于新菜品，厨师长应反复进行制作练习，使其质量最大限度地达到预期效果，并保持质量稳定
B11	新菜品经过调整后，可以进行试销
	厨师长及其他参与新菜品创新的人员对新菜品试销情况做详细记录，并根据试销情况及顾客反馈意见再一次对新菜品进行调整

12.1.3　新菜品的试销

餐厅在推出新菜品时，对新菜品进行试销至关重要。通过新菜品的试销，餐厅可以对新菜品有清晰客观的判断，确定新菜品的质量是否过关，是否能吸引目标顾客。

新菜品的试销步骤如下。

（1）新菜品的推出。

（2）对新菜品试销情况做详细记录。

（3）记录、整理顾客反馈意见，作为新菜品改善的依据。

（4）餐厅厨房根据试销反馈意见对新菜品进行改善。

12.1.4　新菜品的上市

新菜品经过试销和不断优化后，就要正式上市了，上市当天的全方位宣传必不可少，餐厅要尽可能多地争取新菜品曝光的机会，给新菜品分配更多的流量。新菜品上市的具体内容体现在以下三个方面。

1. 上市准备

新菜品正式上市前，餐厅应做好相关的准备工作，主要包括以下内容。

（1）确定新菜品的定位。餐厅要明确新菜品是招牌菜、热门菜、普通菜还是引流菜，并针对其定位制定相应的宣传推广策略。

（2）新菜品的原料采购工作。在新菜品正式上市前，餐厅应对新菜品的销量进行合理预测，并根据预测销量采购适量的原料。

（3）做好员工培训工作。餐厅应针对新菜品的推销做好相关培训工作，以保证新菜品上市时，员工可以进行精准推销。

2．上市宣传

（1）全方位宣传

餐厅可通过店面的菜品海报、菜品文案介绍、桌牌、服务员介绍等对新菜品进行宣传。当整个餐厅的所有空间都在展示新菜品时，顾客通常会按照餐厅的暗示做出选择。另外，全方位宣传有利于增强顾客的信任感。

（2）引导顾客讨论传播

餐厅除了自己传播外，还需要引导顾客一起讨论传播，如引导顾客参加"朋友圈集赞免费吃""关注公众号得优惠券""转发新菜品视频享优惠"等活动，以在一定范围内达到刷屏式的传播效果。

有足够多的顾客愿意尝试新菜品，餐厅才能得到更多的反馈；顾客有好的体验，才能为餐厅带来好的口碑和更多回头客。

3．上市效果评估

新菜品上市一段时间后，餐厅经营者应组织厨师、服务员对新菜品的上市效果进行评估，如果上市效果不好，就要分析是宣传推广的原因还是新菜品本身的原因，并针对具体问题采取改善措施。

12．2　宴会服务创新

12．2．1　宴会服务项目创新

创新是一家企业经久不衰的关键，对于餐厅来说更是如此。如果一家餐厅想经营得更久，赢利更多，那么宴会服务项目的创新就是重中之重。餐厅可以从以下三个方面进行宴会服务项目的创新。

1．服务理念的创新

（1）经营理念要与时俱进，跟上时代潮流。随着经济的不断发展，餐厅应该将过去只追求自我利益与发展的经营理念，变为在追求自我发展的同时考虑顾客利益与社会利益的经营理念。

（2）在很长一段时间内，餐厅都秉承着"顾客是上帝"的服务理念，以至于餐厅的服务人员在提供服务的时候，总与顾客处于不平等的地位，从而导致有些时候餐厅对于无理取闹的顾客也采取容忍态度。

在餐饮行业快速发展的今天，餐厅的服务理念应该随之改变，将服务人员与顾客放在平等的位置上，追求服务人员与顾客之间的和谐，给顾客留下不卑不亢的服务印象，从而实现餐厅的长远发展。

2．服务内容的创新

宴会服务内容创新包括以下四个维度，具体如表 12-3 所示。

表 12-3　宴会服务内容创新

创新维度	具体说明
环境设计创新	宴会环境要注重展示宴会主题而非餐厅风格，使顾客拥有全新的宴会体验
菜品设计创新	健康美食与绿色餐饮已经逐渐成为现今顾客的主要选择，这就要求餐厅进行菜品设计时，要推陈出新，给顾客带来不一样的菜品体验
服务人员创新	服务质量的好坏取决于餐厅的服务人员，而经过培训考核的高素质服务人员不仅可以对服务流程及要求熟记于心，还可以在发生意外情况时能应对自如。在提供宴会服务时，服务人员的这种能力尤其重要
服务过程创新	宴会中的附加服务是增强餐厅竞争力的一种途径，如照顾顾客带来的小孩等。附加服务随着时代的发展也要不断发展与完善

3．服务方式的创新

（1）宴会预订方式创新

随着时代的发展与社会的进步，宴会的预订方式不再像过去一样，只有现场预订，现在增加了网络预订、电话预订等预订方式。

（2）宴会点单方式创新

餐厅在提供宴会服务时，之前一直采用纸质菜单点单，人工通知厨房备菜，这就降低了服务效率。现在点单更加趋向电子化、网络化，这不仅更加节省人力，也提高了服务效率。

12．2．2　宴会服务质量提升创新

1．宴会服务质量提升创新分析

要想使宴会服务质量在已有的基础上有所提升，餐厅就要对原本已经存在的服务产品进行分析，找出待解决的问题，为宴会服务质量提升创新打好基础。

（1）对有形服务的分析

宴会的有形服务主要体现在菜品上，因此对于宴会有形服务的分析主要从菜品方面

进行。

当顾客用餐结束后，餐厅要收集顾客对菜品的反馈，再对顾客的反馈进行分析。常见的顾客对菜品的反馈如表 12-4 所示。

表 12-4　常见的顾客对菜品的反馈

序号	主要问题
1	菜品原材料出现质量问题，导致菜品口感不佳，甚至影响顾客的身体健康
2	烹饪程序不标准，菜品存在咸淡不一、火候过小或过大的问题
3	因宴会开始时间不好把控导致菜品失去原本的温度和原有的口感
4	因厨师或者餐厅服务人员操作不当导致菜品中出现异物

（2）对无形服务的分析

宴会的无形服务主要包括迎宾服务、席间服务和结账送客服务三种，对无形服务的分析可以从表 12-5 所示的角度进行。

表 12-5　无形服务分析

序号	分析角度
1	对服务环节进行分析，服务过程中不仅包括一些大方面，如迎宾接待，还包括一些小方面，如是否按照规定的顺序上菜，或者上带有佐料的菜时，是否先上佐料
2	对服务质量进行分析，包括服务人员在服务过程中的安全与卫生问题
3	对服务态度进行分析，良好的服务态度是非常重要的，如有些服务人员刚开始工作时因害羞与胆怯而不敢向顾客问好，更有甚者，会夹带个人情绪对待顾客
4	对服务效率进行分析，服务不仅需要技术也需要技巧，使用适当的技巧会提高服务效率，同时可以为顾客提供更加优质的服务

2．宴会服务提升创新

基于上述分析，为了给顾客留下更好的印象，给餐厅带来更大的经济效益，宴会服务质量的提升势在必行。

（1）对有形服务质量进行提升

一道菜品在送达顾客面前之前必然会经历很多环节，如切配、烹饪、传送等，而任何一个环节出现问题都会影响菜品的质量，因此餐厅要对与菜品有关的每一个环节进行控制。菜品质量控制方法如表 12-6 所示。

表 12-6　菜品质量控制方法

序号	控制方法
1	对餐厅所有服务人员进行原材料及菜品切配知识的系统培训，以便更好地保证菜品质量，在上菜的时候服务人员能够做好菜品介绍工作

（续表）

序号	控制方法
2	餐厅服务人员注意把握上菜时间，确保菜品从厨房烹饪完成之后能及时送达餐桌，保证菜品口感
3	对菜品制作流程与标准进行严格规定，严格把控菜品烹饪火候、调味料用量等，以确保菜品的质量
4	菜品从烹饪开始到出现在顾客面前，所有相关人员都要对其进行监督和把控，及时发现问题并进行改正，确保菜品质量

（2）对无形服务质量进行提升

餐厅根据顾客对无形服务质量的反馈，可以从以下几个方面进行提升，如表12-7所示。

表12-7 无形服务质量提升

提升方面	具体说明
不断完善服务流程与标准	服务流程与标准是餐厅服务人员进行服务时必须掌握的内容，任何服务的变动都要在此基础上进行调整，但在实际工作中要具体情况具体分析
对意外情况做好预案	无形服务质量不仅受餐厅服务人员的影响，还会受顾客、周边环境等因素影响，既然如此，避免不了出现一些意外情况，但一些意外情况是可以预见的，餐厅应提前做好准备
加强对服务人员的培训	餐厅应对服务人员进行职业能力与职业知识的相关培训，并对其进行考核，给予相应的奖惩，使其提高相应的业务能力与职业素养，以此提升无形服务质量
做好服务创新工作	餐厅可以从服务内容、服务方式、服务流程、服务人员服饰等方面进行创新，借此提升无形服务质量，为顾客提供有新意、有特色的宴会服务，从而为餐厅吸引更多客源，达到餐厅获取效益的目的
妥善处理顾客投诉	面对顾客投诉，餐厅要先向顾客表明歉意，再采取相应措施，认真解决顾客所提出的问题，最后将投诉进行记录、整理、归档，并以此为鉴

12.3 餐饮服务创新

12.3.1 餐饮环境创新

餐饮环境创新应突出主题，让顾客获得一种有新意的感觉。餐饮环境创新通常包括以下四个方面的内容。

1.营造现代新潮的环境

环境前卫、新潮，往往对顾客有独特的吸引力。例如，现在很多餐厅将操作间改为明厨，这样不仅可以让顾客很直观地了解每道美食的制作过程，而且还能在满足顾客好奇心的同时，增强顾客的信任感。

2．营造复古的环境

餐厅可以通过古色古香的装修风格，让顾客找到"从前"的感觉。例如，有的餐厅用八仙桌、长条凳，顾客围桌而坐，身边是着长袍马褂的"店小二"，使顾客仿佛穿越到了古时候。

3．营造中西合璧的环境

中西合璧是指将中式餐厅的特色与西式餐厅的特色恰当地结合起来，取长补短，营造一种新的餐饮环境。

4．营造返璞归真的环境

一方面，这类餐厅的部分原料自给，如种有各种蔬菜、散养柴鸡等，能让顾客吃上不施化肥、不洒农药、不用饲料喂养的食物。另一方面，顾客在品尝用自己挑选采摘的原料做成的美味珍馐时，可看到艳丽的花、油绿的菜、鲜活的鱼、正忙着觅食的柴鸡，这能在一定程度上迎合顾客追求回归自然、向往和谐生态的心理。

餐饮环境创新是为了促进餐厅发展，使餐厅在当今餐饮市场激烈的竞争中立于不败之地，走可持续发展之路。因此，餐饮环境创新的方式不应是一成不变的，要与时俱进。

12．3．2　服务内容创新

服务内容创新是餐饮服务创新的重要内容之一。餐厅不能拘泥于固定的服务模式，要围绕"让顾客满意，给顾客惊喜，从而让顾客成为忠诚顾客"这个核心理念进行服务内容创新。

服务内容创新的关键在于餐厅经营者应突破纯粹餐饮消费的观念，追求餐饮内涵的延伸，尤其是餐饮文化内涵的拓展和延伸。

1．服务项目创新

根据市场环境和顾客消费习惯的变化，餐厅应对服务项目进行创新，增加除就餐服务以外的其他服务项目，提升顾客的就餐体验。

2．服务定制化

餐厅可以建立客户档案，做到对老顾客的口味、喜好了如指掌，及时、准确地提供定制化、个性化的服务，从而与顾客建立良好的关系，培养餐厅的忠诚顾客。

12.3.3 服务人员创新

餐饮服务中，服务人员是服务的主体，其素养直接影响服务质量。服务人员不仅要完成技术操作，还要为顾客带来良好的心情，与顾客建立良好的关系。服务人员创新可以从以下两个方面展开。

1．服务人员素质提升

餐厅应加强对服务人员的培训，使其不断学习新知识、新技术，提高个人素质，全方位服务顾客。将这种高起点的服务与独特的主题文化相结合，一般的竞争对手是难以模仿的。因此，服务人员的培训管理、全面发展与餐厅的发展同等重要，打造一支精干有力、积极进取的高素养团队是餐厅可持续发展的必要前提。

2．服务人员结构创新

在一些主题餐厅，服务人员不仅通晓基本的服务之道，能为顾客提供周到的服务，还能扮演主题文化传播者的角色，使顾客在就餐过程中增长见识。

12.3.4 服务过程创新

服务过程的不同会影响顾客的消费价值获取量和满意程度，因此餐厅有必要创新服务过程，并以此作为餐饮服务创新的重要抓手。

1．服务多样化

餐厅应在进行严格的质量管理的基础上，在服务方式、服务环境等方面尽可能创造出"卖点"和"亮点"，如打造"绿色餐饮"旗号，在餐厅设立无烟区，用绿色食品、无公害蔬果作为原料，倡导绿色消费，主动提供剩余食品打包服务和存酒服务等。

2．服务精细化

对于高档餐厅来说，服务的重点应放在"精细"上，要使"吃"不仅仅停留在食物的色、香、味、形上，而且要"吃得考究""吃出氛围"。

第13章
餐饮连锁与加盟管理

13.1 餐饮连锁管理

13.1.1 餐饮连锁选址

餐饮连锁选址至关重要，是决定连锁店能否取得成功的第一要素。因此，餐饮企业在连锁选址问题上必须慎之又慎，综合考虑多种因素。

1. 地区经济

一个地区人们的收入水平决定着消费水平，当收入增加时，人们在餐饮方面的消费能力也会显著提升。因此，连锁店在选址时，一定要选在经济繁荣的地区。

2. 消费习惯

连锁店在正式选址之前，一定要做好市场调查，了解目标区域人群的消费习惯，包括这部分人群更容易接受的菜品类型与价格。为了保证连锁店的经营效益，应将连锁店开在人们更愿意外出用餐且人群密集的区域。

3. 点位特征

点位特征是指连锁店的目标位置周围的地理情况及特征，如政治中心、购物中心、商业中心距离目标位置的距离，位于目标位置的什么方向。

点位特征直接关系到顾客找到餐厅的便捷程度，直接影响餐厅经营的菜品与服务内容，因此连锁店必须根据点位特征进行选址。例如，连锁店要将地址选在人群密集的商业区与购物区，或者选在有明显地标及周围建筑物显著的地方，以达到有充足的客流量和实现更高经济效益的目的。

4．交通状况

连锁店的选址一定要考虑周围的交通情况，交通便利与否往往关系到客源的数量与质量。足够便利的交通会使连锁店有较大可能吸引到更多的客源，从而获得更大的经济效益。

餐厅选址调查表和审核表，扫描下方二维码即可查看。

13．1．2　餐饮连锁推广方案

餐饮企业为了扩大自身规模、提高市场占有率、增加经济效益、实现稳步发展，应对连锁店进行推广。以下是餐饮连锁推广方案，仅供参考。

餐饮连锁推广方案

一、目的

为了增加连锁店客源，提高经济效益，实现更好的经营与发展，树立良好的形象，特制定本方案。

二、推广时间

连锁店经过选址，开始运营后。

三、推广人员

餐饮企业总部设置推广小组，专门负责连锁店推广事宜。

四、市场调研

对店铺周围的顾客群体进行市场调研，了解其消费习惯与用餐偏好，便于连锁店在提高档次的同时兼顾顾客的利益。

五、推广措施

（一）定价策略

1．菜品定价基本与总部相同，在推广期间，基础菜品打＿＿折。

2．对部分定价较高的菜品采用满减策略，如满500元减30元；在此基础上，每满100元减10元。

3．推出推广套餐，基础菜品与价格较高的菜品组合在一起，定价为价格加总后的70%。

（续）

4．酒水价格与服务价格可根据实际情况灵活调整，在推广期间应相对较低。

（二）推广策略

1．在餐厅门口附近、火车站、汽车站放置户外广告（户外广告采用喷绘方式制作，与条幅相结合）。

2．电视广告、街道横幅和报纸广告相结合。

3．与外卖平台、视频网站及点评网站合作，采用动画广告与弹窗广告相结合的方式进行推广。

4．在餐厅附近、主街道或者商场派发传单。派发时间为 8:00—9:30、10:30—14:30。

5．在某一连锁店办理的会员服务，在所有门店通用。

（三）促销策略

以下三种促销策略可组合运用。

1．全员促销。从后勤工作人员到前厅员工都应树立促销意识，尤其是在连锁店开业期间，只要有促销机会，都应积极促销连锁店的产品和服务。

2．展示促销。在餐厅门口展示招牌菜品，激发顾客的用餐欲望，达到吸引顾客进餐厅用餐的目的。

3．优惠促销的内容如下。

（1）价格优惠促销。推广期间，以较大幅度的价格折扣吸引顾客。

（2）赠品促销。向到店用餐的顾客赠送一些印有餐厅信息的小礼物，既可以赢得顾客的好感，也能起到一定的宣传作用。

（3）优惠券促销。向目标顾客发放优惠券，顾客持优惠券进餐厅消费即可享受优惠。

六、关键说明

1．在征得顾客同意的情况下，将顾客信息录入餐厅系统，为以后的推广服务做准备。

2．为前台服务处配备计算机，设置会员管理系统，以便保存重点顾客资料。

3．所有优惠解释权最终归餐厅所有。

13.1.3　餐饮连锁经营管理办法

为了规范餐饮连锁经营活动，引导和促进连锁店健康有序发展，维护顾客和经营者的合法权益，餐饮企业总部应制定管理办法，对所属连锁店进行管理。以下是餐饮连锁经营管理办法，仅供参考。

<table>
<tr><td colspan="2" align="center">餐饮连锁经营管理办法</td></tr>
<tr><td colspan="2" align="center">第1章　总则</td></tr>
<tr><td>第1条</td><td>为了有效管理所有连锁店，促使企业在餐饮领域稳步发展，特制定本办法。</td></tr>
<tr><td>第2条</td><td>本办法适用于总部下设所有连锁店的经营管理。</td></tr>
<tr><td>第3条</td><td>总部设立综合管理部，每年对餐饮连锁经营管理办法进行修订，并拥有最终解释权。</td></tr>
<tr><td colspan="2" align="center">第2章　连锁店经营职责</td></tr>
<tr><td>第4条</td><td>连锁店应维护、宣传企业形象，积极宣传自身产品，进行合理的定价，引导顾客健康消费。</td></tr>
<tr><td>第5条</td><td>连锁店应遵纪守法，按时交税，合法经营，绝不允许出现违法乱纪的行为。</td></tr>
<tr><td>第6条</td><td>连锁店不得以任何名义参与非法传销、赌博及迷信活动。</td></tr>
<tr><td>第7条</td><td>连锁店不得以品牌名义举办任何形式的讲座或者培训活动。</td></tr>
<tr><td>第8条</td><td>连锁店需要开发新产品或者需要参加产品知识讲座时，必须经过总部同意。</td></tr>
<tr><td>第9条</td><td>连锁店可以通过传统媒体、新媒体等发布广告，但广告内容应付合实际情况，不得有虚假宣传现象。</td></tr>
<tr><td>第10条</td><td>连锁店不得以品牌名义经营其他与企业业务无关的活动。</td></tr>
<tr><td>第11条</td><td>连锁店必须认真、积极、负责地对待店面的经营与管理，否则总部有权收回经营权。</td></tr>
<tr><td>第12条</td><td>连锁店有权对总部提出各种经营合理化建议，以及向其他连锁店介绍优秀的经验与方法。</td></tr>
<tr><td colspan="2" align="center">第3章　连锁店经营义务</td></tr>
<tr><td>第13条</td><td>连锁店应将每月、每半年、每年的真实销售数据上报总部，不得弄虚作假。</td></tr>
<tr><td>第14条</td><td>连锁店应按照企业规定上缴一定金额的营业款，不得瞒报虚缴。</td></tr>
<tr><td>第15条</td><td>连锁店应保证库存正常，以满足实际经营需要。</td></tr>
<tr><td>第16条</td><td>连锁店应保持与总部的联系，便于总部对其进行指导与帮助。</td></tr>
<tr><td>第17条</td><td>连锁店应及时向总部提供必要的商业信息，不得私下转让或转借总部授予的一切权利。</td></tr>
<tr><td>第18条</td><td>连锁店地址变更、店长变更等事务一定要经过总部同意后方可进行。</td></tr>
<tr><td>第19条</td><td>连锁店不得加盟本企业以外的其他企业。</td></tr>
<tr><td>第20条</td><td>连锁店对总部运营体系、计划、活动等内容具有保密义务，不得向他人泄露。</td></tr>
<tr><td>第21条</td><td>连锁店不得有任何损坏品牌形象的行为。</td></tr>
<tr><td colspan="2" align="center">第4章　连锁店经营纪律</td></tr>
<tr><td>第22条</td><td>连锁店不得擅自修改经营实况档案，否则总部有权追究相关人员责任。</td></tr>
<tr><td>第23条</td><td>未经总部允许，连锁店不得私下以连锁名义向他人收受钱财或者私设分店。如有违反，总部将追究相关人员的法律责任。</td></tr>
<tr><td>第24条</td><td>连锁店内不允许有员工亲属或朋友用餐记账的行为。</td></tr>
<tr><td colspan="2" align="center">第5章　附则</td></tr>
<tr><td>第25条</td><td>本办法由综合管理部负责编制、解释与修订。</td></tr>
<tr><td>第26条</td><td>本办法自××年××月××日起生效。</td></tr>
</table>

13.1.4　餐饮连锁监督

餐饮企业总部应对连锁店进行监督，以维护品牌形象，优化和提升连锁运营团队中员工的素质与能力，规范连锁店的运营手段。

1．监督内容

餐饮企业总部对连锁店的监督内容如表 13-1 所示。

表 13-1　餐饮企业总部对连锁店的监督内容

监督内容	具体说明	监督方式
运营规范方面	对连锁店的经营行为进行规范，对工作重点方针与政策的执行管理、品牌管理、运营标准、商品管理、终端销售及售后服务等方面进行检查、指导、规范和监督，并提供必要的支持	◆ 现场检查 ◆ 深度访谈 ◆ 顾客意见收集
员工素质与能力考核	对于各级员工是否符合岗位素质与能力要求等的测评结果，要及时获取，并将结果反馈给各相关责任部门，同时提出相应的改进、完善措施与建议	◆ 现场观察 ◆ 进行测试 ◆ 电话抽查

2．监督方法

餐饮企业总部对连锁店的常见监督方法如表 13-2 所示。

表 13-2　常见监督方法

主要分类	含义	具体方法	详细内容
日常监督	餐饮企业总部对连锁店进行日常工作监督，并按照企业规定的监督内容及标准进行	巡店监督	对各个店面每个阶段的工作情况进行定期或者不定期的突击检查。检查时间尽量多变、不成规律，可采用多样化的方式进行检查，检查人员应对检查内容保密
		驻店监督	总部可根据实际情况安排专人进行驻店监督，每次的驻店时长可根据整个区域的工作内容决定
		"顾客"监督	总部视情况需要，聘请经过专门培训的人员，以顾客的身份、立场和态度对连锁店的服务、业务操作、员工精神面貌、菜品质量进行客观的监督与评价。这种方法一般用于表现突出或者存在问题的店面。专业人员将收到的反馈交由总部统一处置，总部及时通知相关店面
		第三方监督	总部聘请专业的、对连锁店有监督经验的机构，对店面的整体运营行为进行全方位的诊断并提出整改意见。这种方法一般用于企业升级或者整改，第三方直接与总部接洽，监督结果直接汇报给总部经理，并由总部经理上报给高层领导
专题监督	餐饮企业总部在一个特定时间，或者针对某项专题内容进行监督。一般由总部发起监督活动，执行计划、操作标准、监督方法由总部统一规划、协调、管理与控制	—	这种方法适用于企业转型升级，也可用于在特定时间对特定内容的监督。总部派遣专业人员专门监督，直接收到监督结果，效率更高

13．2　餐饮加盟管理

13．2．1　制定加盟条件

对于餐饮企业来说，加盟商的选择至关重要，好的加盟商不仅会给餐饮企业带来良好的经济效益，而且有助于提升餐饮企业形象，产生更大的社会效益。因此，餐饮企业要制定相应的加盟条件，对加盟商进行考核，具体内容如下。

1．应有一定的管理经验

加盟商在加盟后，可以接受总部管理知识与技术知识的培训，但是其自身要面对千变万化的事情和比较复杂的市场环境。因此，加盟商拥有一定的管理经验可以更好地运营餐厅，在处理问题时也更加得心应手。

2．应有一定的资金实力

前期店铺的租赁、装修和后期的首批进货，都需要投入大量的资金。而且，加盟大部分餐饮企业需要缴纳加盟费与保证金，因此加盟商拥有一定的资金实力格外重要。

3．应有良好的经营意识

加盟特许体系一定程度上解决了货源、器材、采购和广告宣传的问题，但是在初步利用总部的知名度与信誉收获第一批客源之后，该如何稳定现有客源及开拓新客源，就是对加盟商经营意识的考验。

加盟商的良好经营意识主要体现在以下三个方面。

（1）能够以创业的心态对待加盟事业。

（2）凡事尽心尽力，认真经营。

（3）为获取利润，能够持续提高自身的服务和管理水平。

13．2．2　加盟商管理办法

为了维持自身形象，保证自身与加盟商的稳定关系，提高自身与加盟商的经济效益，餐饮企业应对加盟商进行管理。下面是加盟商管理办法，仅供参考。

加盟商管理办法
第1章　总则
第1条　目的 为了规范加盟商的权利和义务，加强对加盟商的管理，提高工作效率，达成利润目标，特制定本办法。 第2条　适用范围 本办法适用于对加盟商的管理工作。

（续）

第 3 条　职责划分

餐饮企业内部设置加盟商管理部，该部门负责对加盟商的一切事务进行管理，以约束全体加盟商。

第 2 章　加盟商准入资格与权责

第 4 条　加盟商的准入资格

1. 以基准在 ＿＿＿ 千米以上（或人口区域在 ＿＿＿ 万人）的相隔距离为原则。

2. 店铺面积及每月营业额的标准：店铺面积在 ＿＿＿ 平方米以上，每月营业额在 ＿＿＿ 万元以上。

3. 不得加入与本组织实质上有竞争关系的其他连锁组织。

4. 对于本办法应全面赞同，并全面参加加盟商管理部为加盟商举办的活动。

第 5 条　加盟商基本责任

加盟商应向总部缴纳加盟金 ＿＿＿ 万元，加盟金不予退还。

第 6 条　加盟商基本权利

1. 使用"××"的商标、商号经营店铺。

2. 使用"××"的商标做广告宣传活动。

3. 经销本企业开发的产品。

4. 享有总部的经营技术指导。

5. 享有经过挑选的统一产品的供给，使用统一的订货手册。

6. 享有总部关于店铺设置、装修的技术指导。

第 3 章　加盟商事务管理

第 7 条　产品供给管理

1. 加盟商经销的产品中，至少有 ＿＿＿% 以上的原材料要向总部进货，以实现原材料标准化。

2. 产品原则上由加盟商管理部定期配送。

第 8 条　产品调换管理

1. 由加盟商管理部供给的产品，原则上不予退货。

2. 对于退货期限内的特定产品，若加盟管理部已经确认符合条件，就可以调换产品。

3. 前期退货产品货款的支付，应每月结算。

第 9 条　货款管理

每月进货款项应于 ＿＿＿ 个工作日内汇至总部指定的银行，或者加盟商应将支票寄送至加盟商管理部。

第 10 条　费用管理

加盟商应按照既定标准向加盟商管理部缴纳费用。

1. 会费每月 ＿＿＿ 元。

2. 每月向加盟商管理部缴纳进货款项。

第 4 章　加盟商保密规定与禁止事项

第 11 条　保密规定

加盟商不得将本组织的计划、营运、活动等情况泄露给他人，尤其应对下列事项保密，若因此发生损失，本组织可以追究相关人员的责任。

1. 经销产品的供应商、价格等。

2. 加盟商的详细经营内容，特别是进货、销售、资金计划的具体内容。

3. 其他本组织指定的事项。

第 12 条　禁止事项

加盟店不得出现以下行为。

1. 从加盟商管理部购进产品后，提供给非加盟商。

2. 加入本组织以外的同业连锁组织。

3. 损坏总部的声誉。

（续）

4．在无正当理由的情况下，将加盟商管理部所送的文件、情报提供给他人。

第5章　解除加盟管理

第13条　解除加盟

当加盟商出现下列情况时，加盟商管理部可解除加盟。

1．加盟商无正当理由，违反本办法的规定时。

2．加盟商连续亏损六个月以上，经加盟商管理部分析判断无法改善经营状况时。

3．加盟商申请破产，或受强制执行，或执行保全处分时。

4．加盟商因某些事情发生经济纠纷，对自身及总部形象造成恶劣影响时。

5．对总部负有债务，虽经劝告，但是拒不偿还时。

第14条　解除加盟的注意事项

1．加盟商应遵从加盟商管理部指示，将店铺内外的加盟名称撤销或消除。

2．加盟商应遵从加盟商管理部指示，将指定产品商标交回总部。

3．加盟商应立即偿还对总部的债务。

4．上述一切费用，应由加盟商负责。

5．由于解除加盟而发生的损失由加盟商承担。

第6章　附则

第15条　本办法由总部负责编制、解释与修订。

第16条　本办法自××年××月××日起生效。

13.2.3　加盟商助力计划

加盟商作为总部在当地的形象代表，其经营发展与总部息息相关，加盟商与总部之间应保持密切联系，紧密合作，以确保其在当地发展的长久性与稳定性。而总部更应该帮扶加盟商，制订加盟商助力计划，促进双方的进一步合作。下面为加盟商助力计划，仅供参考。

加盟商助力计划

一、目的

为了维护自身的形象，促进自身与加盟商共同稳步发展，赢得更多的市场份额与更好的经济效益，帮助加盟商尽快走上正轨，特制订本计划。

二、初期助力

1．先期培训

在加盟商运营过程中，顾客的用餐体验至关重要。总部拥有丰富的经营经验，其可安排实战经验丰富的管理人员对加盟商进行培训，培训内容包括但不限于员工管理、店面装修、广告宣传等。

2．选址评估

加盟商的店面选址非常重要，好的选址是成功经营的基础。总部可为加盟商提供选址建议，帮助加盟商，确定目标群体与经营风格。

3．店面设计

店面形象是加盟商在正式运营之前要做的重要的准备工作之一，加盟商在总部的指导下选好店址后，总部可派遣专业人员对店面进行整体形象的规划设计，包括宣传板设计、展柜陈列设计等。

三、中期助力

1．开业支持

运营初期，总部派遣经验丰富的区域经理与专业主管根据实际情况帮助加盟商制定正确的开业方案，为其提供运营指导，使其能够迅速、顺利地开展业务，具体包括店长的培训指导、加盟商店运营管理指导等。

2．销售支持

总部与加盟商一起进行市场调研，根据调研结果，制订促销计划。在加盟商开业的第一天，总部可委派区域经理参加现场活动，并向现场顾客发放相应礼品。

四、后期助力

1．定期培训

总部除为加盟商提供品牌支持外，还要定期对加盟商进行培训，教授最新开发的菜品的卖点、营销理念等。

2．提供交流平台

总部可定期举行加盟商会议，加盟商可在会议上交流经验，互通有无，使整个经营体系更加紧密、牢固，更加具有市场竞争力。

3．不定期巡回监督

总部根据加盟商的实际运营情况，不定期安排监督人员对店面进行巡检，为其提供管理、培训、促销等方面的支持。总部要及时与加盟商沟通，了解其经营情况，给出合理的建议及指导。

4．广告推动支持

总部会通过网络广告、电视广告等多种形式进行宣传，扩大品牌影响力，树立良好的品牌形象，为加盟商提供强有力的品牌形象支持。

（续）

5. 运输支持

总部将与加盟商保持密切联系，给予加盟商特定原材料的运输支持。

6. 售后服务

总部与加盟商一起打造完整的售后服务体系，为顾客提供完善的售后服务，解决顾客的后顾之忧。

五、补充说明

加盟商若有其他意见，可向总部反馈，总部商议后觉得可以实施，后续将调整本计划。

13．2．4 加盟商考核方案

为了保证加盟商经营质量，维护餐饮企业形象，实现更好的经济效益与社会效益，总部应不定期地对加盟商进行考核。加盟商考核方案如下，仅供参考。

加盟商考核方案

一、目的

为了提高加盟商经营质量，激励加盟商积极主动管理好店面，特制定本方案。

二、考核对象

本企业所有加盟商。

三、考核时间

总部每月、每半年、每年对加盟商进行考核。

四、考核方法与原则

1. 总部设立综合管理部，采用绩效评估法与综合评价法，对所属全部加盟商进行考核。

2. 对加盟商的考核应坚持公正、公平、公开的原则，并在巡查时拍照、录像、录音，以留存证据。

五、考核内容

（一）门店形象

1. 店面内外应卫生整洁，无乱堆乱放现象，垃圾桶、空调室外机、充电站要求干净无污渍。

（续）

2. 海报、宣传画、店内外宣传广告按照总部要求进行张贴，出现褪色、卷边的要及时更换。

3. 玻璃、灯箱要求干净明亮、无灰尘、无明显污渍。

4. 店内地面无污渍，墙壁、天花板、灯管干净且无蜘蛛网。

5. 收银台附近不要乱放杂物，且无私人物品。

6. 冷冻柜、冷藏柜、风幕柜应定期除霜，无私人物品，不得张贴规定以外的东西。

（二）员工形象及服务

1. 所有员工应穿工作服上岗，并戴好工牌，衣领不得竖起，裤腿不得卷起。

2. 所有员工不许穿短裤、短裙、拖鞋或佩戴夸张饰品上班。

3. 女士应将头发梳起，置于工作帽内，不得散落在外。

4. 所有员工不得文身，且不许在工作区域内吸烟。

5. 所有员工在接待顾客时应热情，不得冷落顾客，因各种原因不能立即接待顾客的，需向顾客说明情况，并请其他人帮忙接待。

6. 所有员工需积极活跃，体贴细心，能够认真倾听顾客意见。

（三）食品安全与外观

1. 制作菜品采用的原材料应新鲜，要清洗干净、去除黄叶或者腐叶。

2. 所有菜品的加工一定要按照总部既定标准进行。

3. 菜品一定要做到色、香、味俱全。

4. 所有菜品无安全卫生问题、无异味、无变质。

5. 所有店内配置的饮品一定有明确的供应商，并且经过卫生检测，确保质量。

（四）加盟效益

1. 加盟商在加盟以来所创造的经济效益是否达到预期。

2. 加盟商在未来可以达到经济效益预期的可能性有多大。

3. 加盟商是否为总部带来社会效益，是否为维护企业形象做出努力，是否做出破坏企业信誉的事情。

4. 加盟商的经营意识与能力能否达到考核要求，是否可以独立解决大部分问题。

六、考核结果公开

每次考核结束之后，综合管理部可以将考核结果在网上公开，并附上相关图片。

（续）

七、考核奖惩

1. 对于考核结果较好的加盟商及其经营店面，总部可以给予适当奖励。奖励内容由总部指定，不得更换或退还。

2. 考核结果公布后，若加盟商选择放弃奖励，总部可以将奖励顺延至下一位加盟商，奖励内容不会发生改变。

3. 若加盟商对总部负债，待加盟商还清债务后，再向其发放奖励。

4. 对于考核不合格的加盟商，给予固定次数的改正机会，先是书面警告，再是罚款警告。屡次警告不改者，撤销其加盟资格。

连锁餐饮店加盟招募方案，扫描下方二维码即可查看。